河北省社会科学基金项目，项目批准号为：HB19FX023

高职院校工匠精神
培育与发展研究

范桂森　柳连忠　武剑英◎著

吉林出版集团股份有限公司

全国百佳图书出版单位

图书在版编目（CIP）数据

高职院校工匠精神培育与发展研究 / 范桂森，柳连忠，武剑英著 . -- 长春：吉林出版集团股份有限公司，2024.3

ISBN 978-7-5731-3579-7

Ⅰ.①高… Ⅱ.①范… ②柳… ③武… Ⅲ.①高等职业教育－人才培养－研究 Ⅳ.① G718.5

中国国家版本馆 CIP 数据核字 (2023) 第 104707 号

高职院校工匠精神培育与发展研究
GAOZHI YUANXIAO GONGJIANG JINGSHEN PEIYU YU FAZHAN YANJIU

著　　者	范桂森　柳连忠　武剑英	
责任编辑	祖　航　林　琳	
封面设计	李　伟	
开　　本	710mm×1000mm	1/16
字　　数	220 千	
印　　张	13.5	
版　　次	2024 年 3 月第 1 版	
印　　次	2024 年 3 月第 1 次印刷	
印　　刷	天津和萱印刷有限公司	

出　　版	吉林出版集团股份有限公司
发　　行	吉林出版集团股份有限公司
地　　址	吉林省长春市福祉大路 5788 号
邮　　编	130000
电　　话	0431-81629968
邮　　箱	11915286@qq.com
书　　号	ISBN 978-7-5731-3579-7
定　　价	81.00 元

作 者 简 介

范桂森，汉族，副教授，研究方向为马克思主义理论与思想政治教育，现为河北交通职业技术学院教师发展中心副主任。

柳连忠，汉族，研究方向为思想政治教育，长期从事党建和思想政治工作，现为河北交通职业技术学院二级教授。

武剑英，汉族，副教授，研究方向为马克思主义理论与思想政治教育，现为河北交通职业技术学院思想政治教学部教师。

前　言

在中华民族的血脉之中流淌着许多精神，爱国主义精神、集体主义精神、艰苦奋斗精神……当然，还有工匠精神，在中华文明史中，工匠精神始终伴随我们左右，历朝历代的工匠创造了数不清的辉煌，千百年来，中华民族的兴旺与繁荣，始终离不开工匠精神。

在工业 4.0 时代来临之际，中国制造业也在不断谋求转型，之前，我国一直处于"中国制造"的发展阶段，现在，我国正向着"中国质造"以及"中国创造"不断发展。在此背景下，以技能为导向的人才培养模式逐渐受到关注并被重视起来。社会生产对质量标准要求较高，因此，各行各业对于高质量技能型人才也有了更高标准的要求，蕴含着全新时代价值的现代工匠精神由此诞生。高职教育作为高等教育体系中重要的组成部分，肩负着人才培养的重任，在促进我国经济增长、提升国民素质方面发挥着极其重要的作用。目前，高职院校的主要任务就是要培养面向生产、建设和管理等方面的高技能人才，要培养高职学生成为未来经济社会发展的中坚力量。在当前我国经济飞速发展的时代背景下，高职学生才能更好地承担起中华民族伟大复兴的历史重任。因此，目前，培育高职学生的现代工匠精神具有必要性和逻辑性。

在内容上，本书共分五章：第一章为绪论，主要就工匠精神概述、工匠精神的时代价值、工匠精神的可传承性三个方面展开论述；第二章为高职院校的工匠精神培育概况，主要围绕高职院校培育工匠精神的必要性与紧迫性、高职院校工匠精神培育的现状两个方面展开论述；第三章为工匠精神视域下高职院校的人才培养，依次介绍了国外职业院校"工匠型"技能人才培养对我国的启示、工匠精神与我国高职院校技能型人才培养的耦合性、工匠精神对我国高职院校技能型人才培养的价值及保障三个方面的内容；第四章为工匠精神融入高职院校思想政治教育，依次介绍了"大思政"视域下高职院校工匠精神的培育、高职院校工匠精神与思想政治理论课的融合、高职院校工匠精神与课程思政的融合三个方面的内容；第五章为高职院校工匠精神培养与发展的实践路径，分为五部分内容，依次是高职院校培育工匠精神的基本路径、高职院校培育工匠精神的保障体系、高职院校培育工匠精神的评价体系、高职院校培育工匠精神的教师队伍建设、工匠精神引领下高职院校学生职业素养培育。

在本书中，范桂森负责第一章、第二章、第三章、第四章和第五章第一节、第二节、第三节的撰写工作；柳连忠负责第五章第五节的撰写；武剑英负责第五章第四节的撰写。

本书为"河北省社会科学基金项目"，项目批准号为：HB19FX023。在撰写本书的过程中，作者得到了许多专家学者的帮助和指导，参考了大量的学术文献，在此表示真诚地感谢。由于作者水平有限，书中难免会有疏漏之处，希望广大同行及时指正。

范桂森 柳连忠 武剑英

2022 年 12 月

目录

第一章 绪 论

目前，国家越来越重视"工匠精神"的培育，那么，什么是"工匠精神"？它到底有什么价值？本章绪论将从三个方面展开论述，分别是工匠精神概述、工匠精神的时代价值和工匠精神的可传承性。

第一节 工匠精神概述

一、工匠精神的起源与演变

（一）工匠文化的根源

目前，社会上对于工匠精神的呼声越来越高。关于工匠精神，国务院原总理李克强曾提出呼吁与倡导，倡导人们要"培育精益求精的工匠精神"。这展现出当下社会人们对于精益求精的工匠精神的一种向往与渴望。这种工匠精神，实际上主要指的是一种态度与理念，在社会生活中人们做事所践行的一种行为方式。

在制造业中，工匠精神主要指的是制造者所具有的敬业的态度以及高超的专业技能，他们具有一种追求完美的精神，精益求精，在生产制造过程中尊重生产规律，同时勇于创新，不断探索，既能够保质保量，又能够不断提高效率、提升品质。在生产制造过程中，工人不仅生产制造出它所具有的功能，同时也在其中融入了自己的精神。

随着时间的推移和技术的不断进步，生产力发展水平也在不断地提高。现在很多产品的生产制造都是通过机器来实现的，但是机器始终代替不了人工，它只是一个工具，人是最核心的要素。在历史长河中，正是由于人们的精益求精、不断追求完美、勇于创新，才使得生产力水平不断地提高。在产品的生产制造过程中，工匠的第一追求就是对品质的坚持。工匠最为可贵之处在于其对质量和技艺的永不妥协，这是他们对自己所从事职业的基本要求，是无论何时都需要坚守的基本底线。由此，工匠文化才得以不断传承，工匠精神才得以发扬。

1. 工匠及工匠精神溯源

在古代，中国便已经有工匠这一个职业了，古代的皇帝以及王公贵族的宫殿、陵墓等往往都是由工匠群体完成的。从古至今，工匠这一群体在千百年的历史长河中，给世界留下了许多令人惊叹的神奇技艺，可谓是巧夺天工。

我们要了解千百年来工匠群体的工匠精神，可以从一些史料记载之中窥得一二。大约在 4300 年前，舜曾经在河水旁边制作陶器，他在制作陶器的时候拒绝粗制滥造，追求精益求精。后来，周边的人们也逐渐被他带动起来，也开始制作陶器，并且随着舜的精益求精精神的传播，人们也开始自觉地追求精工细作。在这个时期，我国的工匠精神初具萌芽。从这个时期到之后的夏、商、春秋战国等各个时期，都有一些著名工匠的出现，他们也开始被记载在史书之上，比如夏朝的"奚仲"、商朝的"傅说"等。随着时间的推移，社会、经济、科技、文化等多方面的发展，工匠群体也在不断地壮大，其技术也在不断地更新，越来越频繁地应用于日常生活之中，因此，我国独特的工匠精神与工匠文化逐渐形成，并开始不断发展。

起初，最早的工匠只是指手工业者，也就是指从事手工业的人们。在古代书籍记载中，他们被称为"百工"。所谓"百工"，也就是从事各种不同工种的手工业者。我国已知的年代最早的手工业技术文献典籍是《周礼·考工记》，这本典籍记载了春秋战国时期 30 多个工种的内容与技术，在世界上也是十分罕见的。整本书约 7000 字，讲述了陶瓷、木工、金工、染色、皮革、刮磨等六大类内容，比较清晰明了地展现出春秋战国时期手工业领域能够达到的技术水平，对于现在的研究有着十分重要的意义。

《周礼·考工记》对百工的职责做了明确界定，"审曲面势，以饬五材，以辨民器，谓之百工"[1]，可以发现，在当时，工匠对自然环境中的一些材料进行挑选，然后将其加工而成各种器物，供人使用。这使其与王公贵族等区分开，当时，除了巫职之外，工匠是一个十分重要的专业阶层。同时，《周礼·考工记》记载："知者创物，巧者述之，守之，世谓之工。百工之事，皆圣人之作也。"[2] 这本书将"百工"所创作出来的物品称为"圣人"的作品，这就展现出当时人们在"创物"过程中的智慧。另外，

---

① 姬旦. 周礼 [M]. 钱玄，等注译. 长沙：岳麓书社，2001.
② 同①。

在古代的中央官署中都设有工部，它主要的功能就是建造房屋、修建水利工事以及构筑船只，说明当时人们就已经意识到工匠的重要性了。

2. 工匠生存之本是技艺精湛

对于工匠来说，最基本的就是要有高超的技艺，这是他们在社会生活中的生存之本。因此，对于工匠来说，不断精进技艺是他们毕生的追求。在制作生产产品时，他们往往抱着极大的兴趣与热情，一笔一划、精益求精地去完成，力求尽善尽美，当产品完成之后，他们会从内心感到自豪。而当产品质量不好的时候，他们往往会继续修改，力求完美，绝不允许质量不好的产品流传到市场上。

果园厂是专门为明代宫廷制造漆器的工场，其兴盛主要归功于张德刚和包亮两人。他们出身于浙江嘉兴西塘地区颇负盛名的漆艺世家，由于技艺高超，在永乐年间被朝廷征用到果园厂，负责传授他们的技艺，管理漆艺事务。因此，永乐、宣德时期的"剔红"被后世公认为漆器工艺中登峰造极的精品。

"剔红"实际上是雕漆的一种，工艺流程极其繁复，惯常以木灰、金属为胎，而后在胎骨上层层髹红漆，少则几十层，多则一二百层，至相当的厚度，待半干时描上画稿，再雕刻以精美的花纹，而后烘干、打磨、做里退光。"剔红"是一种高度工艺化的制品，这个制作过程既复杂又困难，技艺不容易传承。因此，漆工匠必须精于漆艺与雕刻等技艺，才能作出精美的作品。

（二）我国工匠精神的历史演变

1. 孕育阶段

要了解工匠精神的孕育阶段，就需要从人类社会经历的三次社会大分工开始谈起。在原始社会末期，人类社会曾经发生过三次社会大分工，每一次都决定了之后的社会变革与发展，对之后的社会发展产生了重要影响。第一次，人们从农业中分离出畜牧业，使畜牧业与农业中的种植等区分开来。第二次，人们从农业中分离出手工业。从这个时候起，手工业不再被划分为农业的范围之中，专门从事手工劳动的人开始出现，这种专门从事手工劳动的人也就是工匠。

第二次社会大分工推动了原始手工作坊制的产生和发展。第三次，一个不从事劳动，而专门从事商品交换的商人阶层出现。在第二次社会大分工之后，手工业者被独立出来，他们开始利用自己所掌握的科学技术和技能从事各种生产活动，创造出许多物质财富，推动了人类历史的发展。当时，由于物质资料比较匮乏，人们常常利用大自然中的一些产物作为生产原料，通过对这些原料进行加工，将它们制造成人们经常使用的生产与生活用具。起初，手工业者只是对大自然中的石头等进行打磨，使之光滑、匀称，适用于人们的日常生活。后来，人们的技艺逐渐熟练，越来越复杂与高超，从用泥条、石片等材料制作陶器到用布、麻、皮革等材料制成各种生活用品，都是对原始人类手工技艺和智慧的传承与发扬，这展现出早期的手工业者对工匠精神的发展。

在古代，手工业者必须要精通各种技术与手艺，这是他们能够得以生存的必要条件，是他们谋生的本事。无论是早期的手工业者还是现在的手工业者，无不具有高超的技艺，展现出他们精益求精的工匠精神。河姆渡文化时期的工艺品就展现了这一点。尽管受当时的时代所限，当时的手工业者的技艺在现在看来无非是一些简单的打磨与雕刻，但是，在当时那个时期，手工业者仍然表现出了精益求精、追求完美的工匠精神。当时，手工业者往往磨制石头、象牙以及骨头等物品，利用它们来制作一些装饰品，在制作时会将它们打磨得十分光滑，显得十分的晶莹光洁。比如，手工业者在制作骨笄时，会在上面雕刻一些花纹用作装饰，还会在上面佩饰一些熊、老虎、野猪等的牙齿，还会在上面镶嵌一些比较好看的磨制过的石块用作装饰，这些都展现出当时工匠巧妙的构思以及娴熟的技巧。又如，在骨器上刻画人物故事、神话传说，也是十分细致的艺术创作。还有，在氏族部落中通过将一些天然的材料进行加工，改变其外形，使其成为一种展翅飞翔的鸟的形态，栩栩如生。以上这些都展现出当时手工业者的智慧，展现出他们精益求精与追求完美的精神。

2. 产生阶段

工匠精神能够产生的价值基础，就是中国人以德为先的职业准则。做任何事情都要将德行放在首位。中国文化精神是一种"道德的精神"，对于每一个深受儒家思想传统教育的中国人来说，"德"都是他们内心所信仰的一种共同理念。

儒家思想在春秋战国时期就已经广受人们的关注，后来汉代"罢黜百家，独尊儒术"，儒家思想逐渐成为中华民族的正统，对于儒家思想来说，其信奉的是以德为先，做任何事情都要考虑德行。后来，随着社会生产力的发展，分工越来越细致，各种各样的职业相继出现。这些职业往往要求人们具备特定的技能与知识，但是仅仅具备相应的知识与技能还不够，它还要求人们具备职业所要求的特定的道德观念与品质。这种道德观念与品质是依据社会的一般道德规范形成的，随着社会的发展，这种道德观念与品质逐渐发展成形，最终成为职业所特有的道德规范。《墨子·尚贤上》就有记载"兼士"必须符合三条标准，即"厚乎德行""辩乎言谈""博乎道术"，要做到"有力者疾以助人，有财者勉以分人，有道者劝以教人，利人乎即为，不利人乎即止"[1]。这种道德价值观，作为古代一些社会职业的道德评价标准，也得到工匠的认同。此外，据先秦典籍《左传·文公七年》记载"六府三事，谓之九功。水火金木土谷，谓之六府。正德、利用、厚生、谓之三事。义而行之，谓之德礼"[2]。在生产生活实践之中，道德特征逐渐被显露出来，对于古代匠人来说，他们的职业道德规范主要是六个字，即"正德、利用、厚生"。在这六字规范中，最重要的便是"正德"，也就是工匠必须要端正自己的德行。

对于一个工匠来说，"技能"与"德行"相辅相成，共同推动着自身的发展，实现自己的人生价值。一个工匠如果仅仅具有"德行"，而无技能，那么他的梦想与人生价值只是一纸空谈，难以实现，而两者共同具备，才能够促使其向着远方的目标不断前进。对于工匠来说，二者共同具备，也即"德艺兼修"，这就是说，工匠精神既要具备精益求精的技术精神，还要具备一种内在的道德精神，这种精益求精的技艺以及内在的品质道德，是工匠的毕生追求。关于这种"德艺兼修"的道德精神，在我国古籍《考工记》中也有记载。战国时期，编钟极

---

① 中华文化讲堂，注译．墨子 [M]．北京：团结出版社，2017.

② 左丘明．左传 [M]．中华文化讲堂，注译．北京：团结出版社，2017.

其精致，可以做到"圆者中规，方者中矩，立者中悬，衡者中水，直者如生焉，继者如附焉"[①]。

3. 发展阶段

《春雨杂述·评书》中记载："学书之法，非口传心授，不得其精。"[②] 这句话的意思是，对于学书者来说，口传心授是最好的办法，如果不能采用这种办法来进行学习，那么就会不得要领。对于中国古代工匠来说也是如此，工匠的学习并不是一种简单的技能学习，更重要的是在潜移默化中形成的一种心理上的契合。随着社会的发展，各种技艺间的传承已经不再以血缘关系为纽带，而是逐渐开始走出家庭，走入社会，所以，古代的职业教育也就产生了，师徒传承逐渐成为培养工匠的主要途径。在职业教育过程中，传授者与受教者双方之间通过口传心授来进行教学，传授者向受教者传授知识、技能与经验，受教者在聆听、实践中获得自己的感悟与体会，在这个过程中展现出一种不被外界的繁华所干扰的工匠精神。在古代，有很多职业都体现着这种工匠精神的传承，比如酒坊的祖师杜康、纸坊的祖师蔡伦、鞋匠和皮匠的祖师孙膑等，他们都是通过口传心授、言传身教来传承自身的技艺的，在这个过程中，他们不仅将自己的技艺、经验等传授给受教者，同时在日常生活、教授过程中也向其传递了自己的一些优良的精神特质，这些精神特质使他们能够更好地传承技艺，不断发展，比如坚持、专注、耐心等精神特质。相比技艺、经验等特征，这种精神上的特质更难以传授，它只能通过手工艺人的行为以及一代又一代的情感上、心灵上的交流来传承，在如今这个快节奏、工业化的社会难以实现。

在古代，技艺的传承往往是家庭间父子相传，后来随着手工业逐渐发展起来，技艺的传授不再以家庭为单位，而是逐渐演变为师徒之间的传承。师傅与徒弟生活在一起，日常进行生产、学习、生活、讨论，不断钻研技术，在这个过程中，他们的技艺变得越来越娴熟，感情也变得十分深厚，形成了一种"尊师重道"的传统美德，据《新唐书·百官志三》记载："细镂之工，教以四年；

---

① 周成林. 考工记 [M]. 北京：海豚出版社，2012.
② 解缙. 春雨杂述 [M]. 北京：中华书局，1985.

车路乐器之工，三年；平漫刀稍之工，二年；矢镞竹漆屈柳之工，半焉；冠冕弁帻之工，九月。"① 通过书中所言，可以知晓，针对不同的工种，这些学徒工有着不同的年限规定。因为不同的工种所学习的技能是不同的，因此所需要的时间自然是不同的。另外，通过这些信息也可以知道，当时师傅与徒弟之间相处的时间是如此漫长，这么长的时间足够徒弟习得师傅的技能。在这段时期里，师傅既要向学生传授技艺，同时还要以身作则，让徒弟以自己为榜样，促使他们形成一个良好的品格。徒弟在继承师傅的技艺时，不能只是一味地传承旧的技法，也要独立思考，根据时代与社会的发展不断进行创新，从而创造出新的技法。在古代工匠精神中，这种尊师重道的精神和对技艺传承的执着都展现出工匠精神的价值意蕴。

4. 传承阶段

对于一个国家、一个民族来说，创新是灵魂，推动着社会不断向前发展，推动着国家的兴旺与民族的进步。对于当代的工匠来说，创新精神也是他们应该具备的一种必要的素质。如今，随着社会的发展，科技也在不断地进步，解放了人们的双手，各种生产操作流程大都可以通过机器进行，这种规模化的生产方式使生产效率大大提高，促进了经济效益的增长，但是这些产品仍需要创新。因此，如今我们所提倡的"工匠精神"，不仅要能保证产品的质量与品质，还要拥有创新活力。

工匠精神，是中华民族的千百年来一种精益求精、不断追求完美的精神，它是对中华民族工艺文化的传承与创新。这种理念贯穿于整个制作流程和每一个细节之中，是每个从业者都应该坚守的价值观。工匠精神所传承的不仅仅是技艺与手段，更重要的还是一种信念，一种情怀，它是工匠毕生的追求。这也正是我们今天所提倡的工匠精神，工匠精神就是对生活、对技艺、对艺术精益求精的态度和精神。在工匠精神的传承之中，不应当只有对旧的技艺以及精神的传承，更重要的是要与自己的思考以及当下时代特点结合在一起，加入一点点与众不同的想法，不断地创新。就像纪录片《我在故宫修文物》里的一位青

---

① 欧阳修. 白话精华二十四史 [M]. 刘后滨，罗言发，译. 北京：现代教育出版社，2011.

铜器修复师所说的那样，只有真正地融入其中，才能够真正地实现对工匠精神的传承与创新。中华上下五千年，传承下来的手工艺更是数不胜数，这些都是中华民族灿烂的精神文明，是劳动人民智慧的结晶，对这些手工艺的传承体现出现代人的历史责任感。工匠精神传承的不仅是高超的技艺，更重要的是一种人生态度，它要求不断改良、创新传统的工艺，在传承传统技艺的基础上实现创新，从而实现传承与创新的共同发展。如今，信息繁杂，人们的生活节奏加快，社会氛围越发浮躁，要实现对传统技艺与精神的坚守与传承，同时实现与中华传统文化的融合，并不是一件容易的事情，需要人们的共同努力。如今，在全世界范围内，"中国制造"正逐步向着"中国创造"迈进。不得不说，这离不开中国无数匠人精益求精与刻苦钻研的精神。

二、工匠精神的内蕴与本质

（一）工匠精神的内蕴

要了解工匠精神的内涵，就需要了解工匠精神到底是什么。"工匠精神"主要由"工匠"与"精神"连接组合而成，下面对"工匠""精神""工匠精神"的内涵分别进行分析：

1."工匠"内蕴

《现代汉语大词典》对"工"的解释有十二种，去除辞源相同之处还有如下解释：古时对从事各种技艺的劳动者的总称，现代为工人和工人阶级的简称；工夫，技术；工程；工业；工作，生产劳动；工作量；一个工人或农民一个工作日的工作；指称工程师（与姓连用）；指姓。①

现代汉语大词典对"匠"的解释为工匠。

2."精神"内蕴

人的身上有身体、技能、精神这三种力量，其中精神是决定你最终能做成什么的重要力量。《现代汉语词典》对"精神"做了三方面的解释：一是指人的

---

① 《现代汉语大词典》编委会 . 现代汉语大词典 [M]. 武汉：崇文书局出版社，2008.

意识、思维活动和一般心理状态；二是指宗旨；三是指表现出来的活力。

3. 工匠精神内蕴

前面已经讲述了"工匠"与"精神"各自的内在含义，那么"工匠精神"到底是什么含义呢？

关于"工匠精神"的不同含义，不同的学者对其进行了分析，他们从不同的角度出发，对其具体含义进行了解释。

有的学者将中国工匠精神看作"以道德精神为中心，强调'以德为先''德艺兼求'……'强力而行'的敬业奉献精神、'切磋琢磨'的精益求精神和'兴利除害'的爱国为民精神"。[①]

有学者根据现代意义分析，认为"工匠精神属于职业精神的范畴，是从业人员的一种职业价值取向和行为表现，与其人生观和价值观紧密相连，是从业过程中对职业的态度和精神理念"[②]。

本书对工匠精神进行总结，主要将其分为两种解读、三种层次。所谓两种解读，一是指理论化的解读，二是指操作化的解读。也就是说，工匠精神既可以被理解为一种技术层面的要求，也可以被理解为某种社会伦理观念和价值观的表达。针对工匠精神的理论化的解读，是指对工匠精神的本质内涵的解释，也就是说，这种工匠精神追求的并不是以产品为主导，而是强调其内在的价值，这种工匠精神强调的是一种信念、一种精神。如庄子所云："技兼于事，事兼于义，义兼于德，德兼于道，道兼于天。"[③] 从这个意义上来说，这种理论化的工匠精神更加接近于本质，比较符合中华民族的历史传承。另一种解读是指操作化的解读，这种操作化的解读，主要体现在几个方面，即从业人员的精心、恒心、专心等。也就是说，操作化的工匠精神与从业人员的态度有关，从业人员在从事产品的制作或创造时要专心致志、持之以恒、精益求精。与理论化的解读相比，操作化的解读主要针对这种工匠精神的落地问题。工匠精神不是空洞

---

① 薛栋. 论中国古代工匠精神的价值意蕴 [J]. 职教论坛，2013（34）：94-96.
② 查国硕. 工匠精神的现代价值意蕴 [J]. 职教论坛，2016（7）：72-75.
③ 庄子. 庄子 [M]. 东篱子，译注. 北京：北京时代华文书局，2014.

的概念，而是一种具体而又实在的行动方式。这种工匠精神最终还是要具体落实到现实的工作之中。如果将它与现实生活相割裂，那么它就像空中楼阁，无法立足，也就失去了它原本的意义与价值。工匠精神的三种层次主要指的是技匠、艺匠和大匠，这三种层次由浅入深、由表及里。技匠，顾名思义，主要是与技艺、技能有关的工匠，比如专门从事种植花草的花匠、负责石材雕刻的石匠、负责铁器冶炼的铁匠、负责木材相关的木匠等，这些拥有专业技能的匠人就是技匠。所谓技匠，也就是凭借自己的专业技能来从事这门工匠职业并获得报酬的人。相比技匠，艺匠的层次要更深一些，他们的技艺更加精湛，并且对自己的作品会有一种自豪感，在创作的过程中会充满热情，满怀理想，精益求精，不断精进自己的技艺。大匠，则是一种具有高度责任感和使命感的人，以精湛的技艺、严谨的作风、崇高的人格影响着社会大众，往往代表着比较高的精神境界，具有较高的价值追求。

（二）工匠精神的本质

工匠精神的本质是追求"制""智""质"。本书主要从三个层面对该本质进行系统的论述，分别是国家层面、企业层面和个人层面。

1. 国家层面的工匠精神

国家富强、民族振兴、人民幸福是中国梦的核心内容。对于中华民族来说，这是人们始终追求的一个伟大理想。从国家层面来看，工匠精神就是中华民族伟大信仰的实际体现。

随着社会生产力的发展，我国的生产制造行业也逐渐发展起来，我们国家生产的衣服、日用品、轮船、家电等远销海内外，获得全世界人民的喜欢，现如今，我国已经是制造业大国，但是，我们国家还不是制造业强国。

针对目前这种状况，习近平总书记提出了"三个转变"：推动中国制造向中国创造转变、中国速度向中国质量转变、中国产品向中国品牌转变[①]。这指引了目前我国制造产业发展的方向，但是，要真正地追赶上国际水平，还需要一

---

① 央视新闻.中国品牌日，习近平"三个转变"重要指示指明方向 [EB/OL].（2020-05-10）[2023-02-15].https://baijiahao.baidu.com/s?id=1666272284264729068&wfr=spider&for=pc.

段时间。为了实现这"三个转变",需要大力倡导工匠精神,在全行业形成精益求精、不断追求、勇于创新的氛围,潜移默化培育人们的工匠精神,挖掘具有工匠精神的专业人才。

如今,互联网技术高度发达,越来越广泛地出现在人们的日常生活之中,在互联网时代,工匠精神也需要与时俱进,不断吸纳新的前沿技术,精心打造,精益求精,不断创新生产工艺,创造出新的生产成果。我们要弘扬工匠精神,倡导一种"做专、做精、做细、做实"的专业作风,精益求精,追求完美,带动我国制造业的转型升级,不断推动我国"制造强国"战略的发展。

2. 企业层面的工匠精神

如今,我国制造业正在向"中国创造"不断行进,在产业转型、产品转型、工艺转型中增品种、提品质、创品牌,谋求质的飞跃,而且国家的供给侧结构性改革对生产服务质量提出了新的要求。在此背景下,我们需要工匠精神的回归。对于当今时代来说,工匠精神的传承与发展是大势所趋,符合时代发展的需求,与当今社会、国家的发展需求相适应。

3. 个人层面的工匠精神

在个人层面,工匠精神就是指一种认真敬业的精神,它是指在从事某一特定职业时所表现出来的敬业、专注、精细等优秀品质和品格。个人层面的工匠精神的核心是对于职业有着自己的敬畏之心,执着、负责、一丝不苟,不把它当成养家糊口的工具,而是真正地把它当作自己的追求,给予客户完美的使用体验,在工作的各个环节都要精益求精,追求卓越,从而创造出能够打动人心的产品。与工匠精神相对的,则是"差不多精神"即满足于90%,差不多就行了,而不追求100%。

工匠精神的典型人物及事迹如下:

郭剑英——从事金相工作41年,积极进行技术革新,开发晶间腐蚀温控装置,解决晶间腐蚀微沸问题;开发钢管内壁研磨轮,提高制样速度十几倍;开发低倍腐蚀温控装置,解决手动控温不便问题等。他曾多次在《物理测试》刊物发表学术论文,在冶金工业产品脱碳层深度的检验、脱碳层式样制备、测定脱碳层深度划分等方面有较深的研究。他编写金相分析相关培训教材，在全国培训 120 多名金相检验人员。作为技术专家，他为 17 家冶金企业提供实验室咨询服务，曾获"北京市有突出贡献高技能人才"等荣誉称号。

三、工匠精神的构成

随着中央电视台《大国工匠》纪录片的热播，工匠精神成为民众热议的焦点。探究工匠精神的内涵和构成要素，能够促进工匠精神在社会上落地生根。从教育的角度来看，职业教育是一种培养人的活动，职业院校应该在教学过程中培育和弘扬工匠精神。因此，职业院校有必要深入挖掘并分析工匠精神的构成要素。

（一）技术精神

对于工匠来说，技术十分重要，它是工匠能够赖以生存的手段。在工匠精神中，技术精神尤为重要。相比于职业精神以及人文精神等方面，技术精神要排在前列。另外，工匠精神中的技术精神也可以被称为专业精神。有学者认为，工匠精神主要可以分为两大类，即技术精神和精益求精精神。其中，技术精神主要包含两大类，这两大类分别是创造精神和创新精神。也就是说，在工匠生产制造物品的过程中，既要精益求精地制造一个功能完备、质量良好的物品，又要具有巧妙构思，创造性地对其进行制造。在工匠精神中，技术精神是一个十分重要的元素，它是决定一个人能否成为"匠"的最重要的因素。

要了解工匠精神中的技术精神，可以从我国的大国工匠处获取。比如，我国的国家级技能大师高凤林，就堪称大国工匠。他技艺十分精湛，精益求精，而且十分擅长解决一些技术上比较困难的问题。高凤林先生主要从事的领域是火箭发动机焊接工作，已经在这个行业默默耕耘了 40 多年，攻克了多个技术难题。尤其在大型火箭发动机的焊接工艺方面有独到见解，形成自己独特的一套理论体系和方法体系。在他还是一个学徒的时候，他就拼命地学习，勤学苦练，在实践操作中不断锻炼自己的技艺，最终学有所成，成为火箭发动机焊接领域的重要专家。在焊接作业时，他不仅有扎实的基本功，同时还掌握了过硬的操作技巧，完美地完成了每道工序，确保焊接质量合格，显示出高超的技艺。作为一名焊接专家，他不仅具有深厚的专业技术功底和丰富的实践经验，更重要的还在于他具有敢于打破常规、勇于创新、勇于突破的精神，不屈不挠，笑对困难，越挫越勇。

（二）职业精神

在工匠精神中，职业精神主要指的是一种态度，一种责任。职业精神主要包含两部分，一部分是指敬业奉献的精神，另一部分是指承担责任的精神。工匠在制造物品时，要时刻保持敬业奉献的职业态度，不骄不躁，正确看待自己的职业，时时刻刻谨记自己的职责。工匠，既可以指我们日常生活中所看到的那些开锁匠、木匠、粉刷匠等，即比较具体的某一个职业领域，也可以是一种泛指，泛指那些从事制造业的群体。无论是哪一种指代，工匠都应当要遵循其行业的职业规范，具备敬业精神。在社会主义核心价值观当中，"敬业"二字就在其中，对于从业人员来说，这是他们需要遵守的一种基本要求。目前，在社会上，有很多具备高度敬业精神的群体或个体，他们起到了带头作用，值得其他群体学习。比如，在中铁二局有一名技师——彭祥华，他的事迹就高度体现了敬业精神。在雪域高原施工期间，他从事爆破工作。众所周知，雪域高原常年积雪不化，十分寒冷，海拔也比较高，条件十分恶劣，一般人听到在那里工作往往会退缩，但是他不一样，他展现了高度的敬业精神，并且十分热爱这份工作，在极其寒冷的雪域高原工作了二十年，为我国的铁路建设事业奉献了自己的青春和力量。对于现在社会上一些没有敬业精神的人来说，他的事迹就是对敬业奉献精神的最好诠释。

工匠要时刻谨记自己的职责，要认真负责地对待自己的工作，敢于承担自己的责任与使命。具体来说，工匠要认真对待工作的每一项任务，承担起自己所在工作领域的责任。概括来说，工匠要承担起中华民族伟大复兴的历史使命，不忘初心，勇于担当。大国工匠高凤林也认为工匠精神中的"担当"十分重要。比如，他有一些徒弟，平日里对一些问题都可以圆满解决，但是一遇到比较困难的、关键的问题，他们往往缺乏担当，害怕面对失败，关键时刻还是要他这个师傅亲自上场。大家都知道核电属于新型能源，危险性比较高，一旦泄露将会发生难以估量的灾难，因此，核电站内输送管道的焊接问题就是一个十分严峻的问题。由于这个输送管道连接着核反应堆，焊接难度十分大，技艺比较一般的工匠完全做不了这个焊接工作。在这个时候，中国核工业二三建设有限公司的未晓朋站了出来，在核电站狭小的输送管道内，他焊接管道时，火花碎屑在他的头上飘落，但他丝毫不惧，仍然稳稳当当地开展焊接工作。这种不怕困难、勇于担当的精神值得所有的工匠敬佩与学习。目前，在我国的就业市场上，大部分企业对于就业人员的职业责任与担当都有着较高的要求，青年就业人员不仅要具备岗位所要求的技术，而且还应该具备责任感。

（三）制造精神

目前工匠精神的培育已经上升到了国家层面的高度。近些年，我国制造业飞速发展。在这样的背景下，政府开始大力倡导精益求精的工匠精神，追求臻于完美的制作理念。所谓精益求精，就是要以精益求精为目标，通过不懈的努力来追求完美，最终达到卓越。追求卓越，不仅仅是指产品的精心制作以及精雕细琢，更是一种信仰与追求。工匠精神并不是指简单的操作与制造，更重要的是工匠要了解熟悉各种前沿技术，能够熟练地应用它们，同时还要依据这些前沿技术创造出更多的新成果。在现代社会里，人们对"工匠"一词不再陌生，甚至有学者把它比喻为一个民族的灵魂。随着社会的发展，科学技术的不断应用，一些物品的机械化生产与运作招致了一些人的抱怨。他们不认同这种制作方法，认为这根本就不是工匠精神。在他们看来，工匠精神应当是慢工出细活，仔细、认真地打磨雕刻，一笔一画、一步步地操作完成。但是，实际上，这种理念不完全正确。仔细、认真、精益求精并不意味着一定要纯手工操作或者是极其缓慢地进行。在大国工匠高凤林看来，精益求精是指一种对于完美的追求。这种对于完美的追求不仅表现在制造物品的质量上，同时还表现在制造物品的效益上，质量要满足一定的标准，甚至臻于完美，其物品的效益也要实现最大化。在当今这个瞬息万变的世界上，企业想要获得持续竞争优势就必须拥有精益求精的工匠精神。这种精益求精并不是指要反复地打磨某一件物品，而是要持续学习，汲取技术知识，改进生产工艺，从而达到创新与创造的目的。在当前我国制造业面临转型升级的重要历史时期，工匠精神尤为重要，要推动中国制造业的发展，就必须要在其中融入我们当今时代的创新精神，这样才能促使其不断创新、不断创造。

工匠精益求精地追求产品质量，主要体现在多个方面，比如对于生产工艺的改良和对于产品的精细化制作等，工匠精神的核心在于对工作的执着追求和精益求精，这已成为工匠的精神信仰。中国航天科技集团的铣工李峰，就是这样一个人。为了保证质量，不负重托，他在高倍显微镜下对刀具进行一次次精磨。刀具上的一个小缺口，其造成的误差也是很大的，因此，为了不影响加工精度，他精益求精，精雕细琢，一次次对刀刃进行休整精磨，在生产制作过程中体现出了卓越的工匠精神。

制造精神还要求工匠在生产过程中能够不断地改良生产技艺，勇于创新。如人民币人像雕刻顶级高手马荣，为了能够刻画出传神的眼睛，磨炼数年，终于成为一名大师。就在马荣的手工原版雕刻技艺进入巅峰期的时候，计算机技术迅速进入印钞行业，数字化技术改进了印刷、制版等各个工艺流程，传统手工原版雕刻忽然间成了制约行业发展的瓶颈。马荣带领团队勇于创新，从零开始学习计算机凹版雕刻，在不到两年的时间里，就让传统雕刻的数字化作品诞生了，从此迈入了人民币凹版雕刻的数字化时代。因此，勇于创新也是制造精神的重要体现之一。

（四）人文精神

无论在任何一个职业中，人文精神都是必不可少的。社会是由人组成的社会，人们在社会上生活，势必要与人产生关联，因此，人文精神不可忽视。关于工匠精神的构成要素，一部分人仅仅将其看作专业精神或技术精神，对其理解过于片面，还有一部分人对于技艺层面的工匠精神比较关注，对于人文精神却不怎么注意，这些都不准确。工匠精神内涵丰富，包含技术精神、职业精神、制造精神和人文精神等多种精神。其中，人文精神是不断推动工匠持续成长与发展的主要动力。在中央台有一部纪录片《大国工匠》，主要讲述一些大国工匠的日常工作，每一天，他们的工作都是那么的平淡，却又那么的丰富。他们在工作中埋头苦干，辛勤耕耘。他们热爱这份工作，敬畏这份工作，在工作过程中，他们能够实现自己的人生价值，同样也可以使生活变得多姿多彩。他们淡泊名利，不慕繁华。为了做好某件事，做好某件工艺品，他们殚精竭虑，不断追求，展现出中华民族的伟大的工匠精神。

工匠一生都在用心去做一件事情，不断追求、不断探索、尽善尽美，便是他们坚持而又专注的人文精神。这种例子社会上有很多，比如大国工匠卢仁峰，他身有残缺，无法像正常人一样去做很多事情，一般人可能就此颓废，但是他并没有。他是一名焊接工匠，即便是遭遇身体残疾的打击，他也没有退缩，反而越战越勇。与健全的人相比，卢仁峰要做很多平常的事情，往往需要多付出十倍、数十倍的努力。他热爱他的职业，热爱焊接岗位，为了留在焊接岗位上。他一次次练习，一次次尝试，终于找到了能够战胜困难的方法，比如利用特制手套、牙咬焊帽等方法来进行工作。经过不懈奋斗，终于攻克了焊接技术难题。他坚持专注于工作，不只是为了获得技能大赛的更好成绩，更为了解决实际工作中的焊接难题。在工作中遇到挫折时，他总是勇于挑战自我，不放弃任何战胜困难的机会。可以说，锲而不舍地注入人文精神，让他不断地战胜困难，找到办法，改进工艺，最终成为大国工匠。

四、工匠精神的基本特征

（一）技术性特征

作为一个工匠，往往要拥有一门技术，这是他们安身立命的根本。因此，技术性特征是工匠精神的一个基本特征。古代手工业生产主要是依靠工匠来完成的，他们不断追求完美工艺和技巧，获得了巨大收益，从而使自己成为一个有成就的匠人。这种对于产品追求完美的技术操作在《诗经》中也有所描述，即"如切如磋，如琢如磨"，主要描绘出当时的手工从业者对产品反复打磨的场景。后来，随着时间的推移，这种反复打磨的生产过程逐渐演化成一种精益求精的精神特质，朱熹曾经这样描述："言治骨角者，既切之而复磋之；治玉石者，既琢之而复磨之；治之已精，而益求其精也。"[①] 这为当时工匠反复打磨、追求完美的生产操作过程赋予了一种道德上的意义，使工匠更加开始重视这种精益求精的精神。在现代社会，工匠精神更强调精益求精的品质，这是对传统工匠精神的继承与发展。随着我国"制造强国"战略的提出，我国对于生产制造的产品的质量要求越来越高，迫切需要提升工匠的质量意识，使之由"合格耐用"变为"精雕细琢""精益求精"，这就需要不断传承与发展工匠精神，使工匠能够针对产品质量精益求精，不断改良生产工艺，实现发展的要求。工匠精神的技术性特征既是工匠安身立命的本事，更是中国制造的力量所在，因此，技术性是工匠精神的基本特征之一。

（二）职业性特征

工匠精神具有职业性特征，这主要是指一种"敬业"的精神。工匠在生产制作产品时，始终要保持一颗敬畏之心，对待工作一丝不苟，耐心细致地完成它。无论身处什么行业、什么工作岗位，都要坚守岗位干好本职工作，尽忠职守、履职尽责。奉献，是一种服务人民、不图回报、不计名利得失的精神，也是对人民、国家的守护与担当。每个人都应自觉将个人前途与国家命运紧密相连，将奉献之心转化为敬业履职的工作激情。综上所述，敬业奉献应成为新时代工匠遵从的职业操守，因此，工匠精神具有职业性。

（三）创新性特征

当代中国社会，最显著的特色就是经济发展日新月异。总体和平的国际国内环境和有活力的国际国内市场等都是其推动力。创新是组成人类劳动的重要方面，人类的进步离不开创造性劳动。中国已经进入中国特色社会主义新时代，而中国特色社会主义新时代建设目标的完成也离不开创新。当下，政府鼓励"大众创业，万众创新"可以视为对创新的肯定与激励。

[①] 杨伯峻，译注. 论语译注（简体字本）[M]. 北京：中华书局，2009.

有人认为，智能化时代，既然人工智能运用能取代人工，技能型人才还有多大的存在空间呢？更遑论工匠精神。对此，不少专家的观点恰恰与之相反。他们认为，智能化时代仍然需要工匠精神，而且更加需要创新精神，只不过智能化时代的工匠精神，特别是创新精神有新特点。专家比较公认的理由是：无论智能如何发展、科技如何进步，人类的智慧是人工智能无法取代的。

有人进一步质疑，传统意义上工匠的勤劳、努力、积极、不吝惜贡献手艺和气力，在人工智能时代还能作为工匠精神的根本吗？叶龙、王蕊、唐伟等人在《清华大学学报》的文章比较有代表性。他们认为，在智能化时代，传统意义上的劳动或者劳动者都有可能被代替，因此，有必要对智能化时代的"劳动"以及"劳动者"的概念进行重新界定。由此他们认为："对技能本质进行重置并将其分为动作和思维两个维度，古代对于技能的动作层面的强调在自动化时代已经不合时宜，思维在新时代工匠技能的展开中日益凸显，工匠精神主要以'思'为生的职业劳动者为承载，他们将是在传统工匠可能消失的前提下，成为新时代工匠的重要组成部分。"[1]传统的以单个工匠为主，纯粹技艺上的更新突破将不是主流，人工智能与多行业互相渗透、多产业互相协作是智能化时代的生产方式。这客观上要求参与者要有较为广博的知识基础和抽象思维能力，能够全流程式追踪生产与服务，从而在某些关键性环节找到可能进行突破性改进的缺口。

智能化时代，人类的创新不仅必要，而且会比以往任何时代都要迫切。这是一个显而易见的道理：人工智能在伦理上不能突破人的控制。因此，人类更需要在能力与手段上跑赢机器或智能设计，而这同样离不开技术或研究上的精益求精，与以往不同的是，这种精益求精的态度会更多表现为以思考、归纳、抽象、推演、突破为主要特征。

具体到中国，无论是 2019 年 10 月中国共产党的第十九届中央委员会第四次全体会议通过的《中共中央关于坚持和完善中国特色社会主义制度、推进国

---

① 叶龙，王蕊，唐伟. 以"思"为生：技能的本质与新时代工匠精神的重构 [J]. 清华大学学报（哲学社会科学版），2019，34（4）：125-132，202.

家治理体系和治理能力现代化若干重大问题的决定》（以下简称"决定"），还是党的二十大报告均强调创新的价值与意义。《决定》明确强调，"弘扬科学精神和工匠精神，完善科技人才发现、培养、激励机制"。未来的智能化时代创新人才的培养是弘扬工匠精神的应有之义。

（四）人文性特征

从匠魂看，工匠精神具有人文性，包含执着专注、追求至善的人文精神。这种人文精神可以说是工匠在生产制造过程中孜孜以求的不竭动力，正是因为有了这种人文精神，工匠才能以一种负责的态度去认真对待每一件作品，将它作为自己从事工作的一种习惯。正如柏拉图所言："为了把大家的鞋子做好，我们不让鞋匠去当农夫，或织工，或瓦工。同样，我们选拔其他的人，按其天赋安排职业，弃其所短，用其所长，让他们集中毕生精力专搞一门，精益求精，不失时机。"[1] 社会上的每一个人都是不同的，他们的生理状况、心理状况、知识背景等各有不同，对于每一个人来说，他们都有独特性，同样，他们都有着自己独特的天资禀赋。比如，有的人擅长文科，有的人擅长理科；有的人擅长理论，有的人擅长动手操作。每一个人都有其擅长的地方，只有将他们放在合适的位置上，他们才能更好地发挥自己的价值。另外，人们在实现自己的人生价值的同时，也是在为人民服务。正如《孟子》所说的，"穷则独善其身，达则兼济天下"，他强调人们要为他人谋福祉，这是一种高尚的精神境界。柏拉图说，"医术产生健康，而挣钱之术产生了报酬，其他各行各业莫不如此，每种技艺尽其本职，使受照管的对象得到利益"[2]。工匠在制作完成自己作品的时候，他们不仅能获得一些物质上的报酬，同时也实现了自己的人生价值，他们精益求精，追求完美，不断改进生产工艺，这个过程也体现了工匠的人文精神。

---

① 柏拉图.理想国 [M].郭斌和，张竹明，译.北京：商务印书馆，1986.
② 同①。

五、工匠精神培育的理论基础

（一）职业能力发展阶段理论

职业能力发展阶段理论，包含与职业相关的多种元素，是各种职业相关要素的集合，其中包含各种知识、技能、态度与价值观等。这种职业能力发展阶段理论是由德国职业教育专家劳耐尔提出的，将职业能力发展分为五个阶段，这五个阶段的职业能力都是不同的，不同的职业能力阶段具备不同的特征。这五个职业能力阶段由低级到高级分别是新手、进步的初学者、熟练的专业人员、内行的行动者、专家，这五个不同的职业能力阶段在学习领域、知识形态、工作行为、能力特征等各个方面都具备各自的特征。低级别的新手要想不断向前发展，就需要不断学习新的知识与技能。当然，仅仅学习新的知识与技能还远远不够，职业能力发展还需要通过不断的实践活动来完成，而这一过程又要依靠自身对社会的认识以及对行业的理解进行自我反思、自我完善。通过学习各种专业知识，并将它们应用于实践，不断地反思完善，这是新手晋级的最好的手段。新手职业能力的发展往往开始于个人经验，在这个过程中，新手的个人经验不断地增长，从而实现职业能力的提高。另外，新手若想成为专家，到最后也是要回归到个人经验方面，依靠个人的能力经验以及自主构建的专业知识体系，从而真正地成长为专家。

在职业院校中，要想培养符合工匠精神的人才，就需要对比在校学生的能力以及从新手到专家的职业能力阶段，了解学生所在的能力阶段，才能够更加清晰明确地对学生进行培养。为了清晰地呈现从新手到专家各发展阶段的职业能力特征、工作行为、知识形态和学习区域，可以通过表格的方式表示，如表1-1-1所示。

表1-1-1 从新手到专家的职业能力特征、工作行为、知识形态和学习区域概况

阶段	序号	职业能力特征	工作行为	知识形态	学习区域
新手	1	形成岗位定向能力，能认识与应用明确的秩序和规则，但缺乏对工作任务的整体认知	操作不够娴熟，受规则和纪律约束，信息处理能力弱	具备岗位的定向与概况知识，有特定的职业技能	了解在工作过程中应遵循的规则、纪律和所要达到的标准

续表

阶段	序号	职业能力特征	工作行为	知识形态	学习区域
进步的初学者	2	具备行业通用能力,能够理解工作情境中的事实,并完善原有的认知结构	能够根据实际经验采取行动,具备一定的工作迁移能力	能够有意识地主动构建工作情境与知识之间的联系,并获得新经验	重点学习与工作任务相关的职业知识,要求受教育者仔细观察并认真思考技术和工作组织的系统结构,解决难题
熟练的专业人员	3	形成外延式生长能力,能够认识事物的本质,具备一定的思考能力	能够按照计划并依据任务的重要性有序开展行动,具有丰富的专业知识和较为稳定的事实经验	具备程序性知识、陈述性知识和情感知识	掌握细节和专门知识,学会分析问题,能够制订计划并按计划行动
内行的行动者	4	形成内涵式生长能力,能反思复杂的事实与模式,具备轻松理解和整体认知相似事物的能力	能理性地将各种直觉和将发生的行动联系起来,通过快速反思获得经验并作出明智的选择	概念性、程序性知识快速发展,通过知识的构建实现策略性知识和反思性知识的有效发挥	强化、提炼、内化在特殊情境和难题中获得的经验和知识,深入理解专业系统知识,构建个人知识结构
专家	5	形成职业生成能力,知道应该怎么做,能认识问题的相似性	能够极其负责地处理问题,自觉地活动,行为灵活娴熟,稳定性高	基于思考和实践总结积累经验,逐步将知识转化为价值观	/

　　首先,职业能力发展阶段理论为提取工匠精神核心特质提供了理论依据,有助于培养工匠人才和弘扬新时代工匠精神。本书中的"大国工匠"对应职业能力发展阶段中的"专家",他们精益求精、攻坚克难、勇于担当、爱岗敬业

等精神特质值得学习和弘扬。上面的这张表格将各个发展阶段的职业能力特征、知识形态、工作行为等清晰明确地列出来，对培养具备工匠精神的人才具有十分重要的意义，为工匠人才培养理论模型的确立提供了理论依据。

其次，上面所述的职业能力发展理论还为高职学生的职业成长作出了科学合理的理论指导，改革并创新了职业院校的人才培养方式。在职业能力发展过程中，其最根本的与最基础的职业能力提升方式就是要具备个体经验以及系统化的专业知识。与新手相比，专家之所以能够在一个比较陌生的工作情境与范围中快速地融入，这主要是因为他们具有十分丰富的知识与经验，同时他们还具有一套专业的、系统化的知识体系。这使得他们无论在何时何地都能够十分气定神闲地融入其中，从容不迫地开始工作。在这种情况下，我们可以依据这个理念来改革职业教育的人才培养方式，使之融入人才培养的各个环节，不断完善职业教育人才培养的目标、模式与体系，不断提升教育质量。

（二）缄默知识理论

"缄默"这个词本身是闭口不说话的意思。缄默知识理论，从字面意思上来讲，要想理解它到底是什么意思，比较困难。缄默知识理论最早是由英国著名物理化学家和思想家迈克尔·波兰尼提出的。在他看来，人类的知识根据是否可以使用文字、图像、公式等进行表述，可以被分为两大类：一种是可以使用文字、图像、公式等进行表述的知识，被称为显性知识；一种是不能通过文字、图像、公式进行表述的知识，被称为缄默知识。如图1-1-1所示，迈克尔·波兰尼将人类世界的所有知识比喻为一座大冰山，就是这个三角形状，三角形状上的那个横着的波浪线代表水面，冰山埋于水面之下，水面之上的部分人们可以看到。在这个冰山上面的部分就是人们日常可以看到的被文字、图像、共识等表述出来的部分，即显性知识，水面之下隐藏着的冰山部分就是缄默知识。在人类知识的整个知识体系中，尽管缄默知识无法通过文字、图像、公式等表达出来，但是它起到了非常重要的根基作用。缄默知识具有三个主要特征，即非逻辑性、非公共性、非批判性。其中，非逻辑性，是指缄默知识往往只能意会，而无法通过文字、图像和公式等有逻辑地表达出来。非公共性是指缄默知识无法通过正规的方式来进行传递，即便某个人或者某一部分人群已经掌握了某些缄默知识的内涵，但是由于无法通过正规的方式来进行传递，他们往往也无法明确而清晰地表达出这部分缄默知识的意思。非批判性，是指人们无法利用理性思维来对它进行判断，只能通过直觉感官以及潜意识等来对其进行理解。通常情况下，缄默性知识并不是直观地、清晰地展现在人们面前，恰恰相反，它隐藏在生活生产实践之中，人们要想习得缄默知识，就必须要不断地参与生产生活实践活动，在实践之中获得感悟。这是一门不可名状的手艺，无法通过指定传承，没有具体的规定条文，它传承的主要方式就是师傅对徒弟的示范。

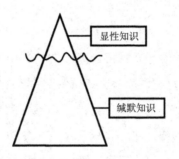

图 1-1-1 波兰尼的冰山模型

缄默知识理论不仅为职业院校培育工匠精神提供了理论指导，也为职业院校人才培养模式的创新与改革提供了理论参考。在培育工匠精神和培养技术技能人才的过程中，现代学徒制是一种有效途径，不仅关注显性知识的"教"和"学"，还要改革教学内容、教学方式，让学生习得隐性知识。学生通常在实训情境或真实工作任务中习得缄默知识，通过企业师傅的言传身教和身临其境的体会，在潜移默化中提升技能，养成敬业精神。因此，职业院校可以通过开展现代学徒制，引导企业参与人才培养的全过程，建立学校教师教授理论知识和企业师傅担任实践教学导师的教学协作机制，推动校企深度协同育人，为制造强国培育大批急需的具有工匠精神的技术人才。

（三）系统理论

系统理论的创始人是美籍奥地利著名理论生物学家路德维希·冯·贝塔朗

菲，他把系统理论应用于工作中并取得了显著成就。所谓系统理论，就是将所有的系统看作一个整体，具有整体功能。在这个整体之中，各个部分并不是简单随意地组合在一起，而是有机地相互结合。系统是相互联系、相互作用而又相对独立存在的一组元素及其相互之间关系组成的动态体系。在系统理论中，系统处于核心地位，是由若干元素按一定结构形式联结在一起形成的一个有机整体，并发挥着一定的作用。系统的主要特征有稳定性、动态性、整体相关性等。系统理论为管理实践提供了新的思路与方法，其核心思想就是通过对系统要素进行优化配置，达到提高管理效率的目的。在系统运行过程中，要想提高运行效能，最重要的就是确定关键要素是否齐全，以及这些关键要素之间是否科学合理地搭配。

在职业院校之中，要想实现工匠人才的培养与工匠精神的培育，就必须要经过一个系统化的培育过程，工匠人才的培养与工匠精神的培育都是一个系统性的教育活动，而非随机的、碎片化的，切不可操之过急。高职院校要将工匠精神的各个培育要素连接起来，构成一个有机整体，才能更好地发挥职业院校本身的优势，培育工匠精神。另外，职业院校还应厘清工匠精神培育体系的具体要素，以及每个要素的作用是怎样的，还需要对各个关键要素及其相互关系的作用进行研究。这对于其准确理解职业教育领域工匠精神的内涵具有十分重要的意义。只有准确地抓住工匠精神培育过程中各个因素的相互关系，高职院校才能更科学合理地协调资源、配置资源、整合资源，从而形成合力，增强效能。

在职业院校中，要对学生进行工匠精神的培育，不是一件容易的事情，而是一个系统化的工程，受到多种因素的影响。在构建培养职业适应能力的教学体系方面，学校需要考虑专业课程建设与其他课程建设之间的关系。在建设职业院校的专业课程时，学校要开设适合培育工匠精神的项目化专项课程；在建设职业院校的其他课程时，学校应该给学生安排实践课程，使学生亲身参与到实践训练之中，让学生能够在潜移默化之中习得工匠精神。高职院校培育工匠精神应运用系统论的思维，把培育工匠精神与强化行业特色、建设校园文化、改革培养模式和创新思政课教学方式等有机结合，综合施策，系统推进。此外，要提高工匠精神培育的水平，还需要加强"双师型"教师队伍的建设和搭建工匠精神培育的实践教学平台。

没有理论指导的实践活动是没有方向的，没有理论指引的工匠精神培育活动是不系统的，也是走不远的。职业能力发展阶段理论、缄默知识理论、系统理论能够为职业院校系统培育具有工匠精神的技术技能人才提供理论指导。

第二节 工匠精神的时代价值

一、工匠精神是助力中华民族伟大复兴的精神动力

（一）有利于产业转型升级

随着时间的推移，各个国家的经济与产业结构也开始发生变化，为了适应时代的发展，他们开始尝试转型。随着互联网的快速普及，各国开始对传统的产业进行调整和升级，其中包括制造业的转型和创新。由于"工业4.0"计划被提出，互联网开始与制造业结合起来，不断整合资源，应用于生产。在这个新的工业革命之中，各国都提出了各种战略，掀起了制造业变革的浪潮。我国也不甘落后，针对制造业提出了一系列支持其转型升级的政策。2015年，时任国务院总理李克强提出了"中国制造2025"的发展战略，提出要实现工业的信息化发展，走新型的工业化道路。在党的十九届五中全会上，提出要推进我国经济体系与产业体系的升级，不断提升产品质量，以质量强国。众所周知，我国是一个制造大国，世界上的很多国家使用的产品都有"中国制造"的字样。如今，随着互联网的迅速发展，世界正经历第三次产业革命，以信息技术为代表的高新技术将成为新时代生产力的主导因素。在此背景之下，我国必须要抓住机遇，顺势而为，将广大人民群众的智慧结合起来，大力弘扬工匠精神，不断创新，不断创造，克服各种技术难题，不断提升产品的质量与工艺，实现制造业的转型升级。

对于世界上的任何一个国家来说，劳动者的素质都至关重要，它关系着一

个国家的生产力发展水平。因此，在新一轮的工业革命到来之际，发扬新时代工匠精神，培育具有工匠精神的人才刻不容缓。在我国，具有工匠精神的人才培育基地主要是高职院校。因此，高职院校要大力培养学生的工匠精神，还要对他们进行思想政治教育，可以将工匠精神融入思想政治教育，在潜移默化之中培育学生的工匠精神与职业素养，使他们养成良好的习惯，具备高尚的品质，拥有责任感，使他们肩负起推动我国向制造强国转变的伟大使命，促使他们不断学习，不断实践，成长为符合社会需求的高素质人才。

（二）有利于传承民族文化

工匠精神是中华民族上下五千年形成的经验与智慧的结晶，蕴含着中华民族优秀传统文化。在很久之前，工匠精神便已经出现了，我国历史上有许多工匠精神相关的例子，比如庖丁解牛的故事。庖丁能够十分熟练地将牛的骨架从它的身上剔除出来，整个过程如行云流水一般，丝滑流畅，充满美感。此外，"如切如磋，如琢如磨"等都展现出我国古代的工匠精神。在社会主义现代化建设过程中，工匠精神始终贯穿其中，为我国创造出一个又一个的奇迹，这些辉煌成就都离不开工匠精神。工匠精神，是民族精神与时代精神的统一，其中蕴含了中华民族优秀文化传统，如精益求精、爱岗敬业、有责任心、勇于担当等民族精神，同时也蕴含了时代精神，如积极进取、不断探索、不断创造等。对于中华民族来说，民族精神以及时代精神至关重要，不仅是中华文明的重要组成部分，同时还指引着中华民族前进的方向。如今，各国都在不断发展文化软实力，我国也提出了文化强国战略，其中，工匠精神也属于中华民族传统文化，是文化强国战略的重要组成部分，再加上我国制造强国战略的推动，发展工匠精神和传播工匠文化更是刻不容缓。

二、工匠精神是职业教育发展的精神指引

自 2019 年《国家职业教育改革实施方案》提出以来，为提升职业教育的社会地位，国务院以及教育部等部门相继落实出台支持职业教育改革协同发展的政策，尤其是 2021 年《关于推动现代职业教育高质量发展的意见》中明确提出：

面向人人，人人出彩[①]。对于职业教育来说，德育工作是推动其高质量发展的首要指标。因此，在对学生进行职业教育时，必须要对学生进行思想政治教育培养，对其进行德育教育工作，将思想政治教育与工匠精神相结合。

（一）有利于推进职业教育改革

在《国家职业教育改革实施方案》中明确指出："职业教育和普通教育是两种不同的教育类型，具有同等重要地位。"[②] 在这个文件中，国家将普通教育与职业教育同时提及，并认为二者的地位同等重要，这展现出国家的态度，有助于促进职业教育的发展。对于高职院校来说，这是一次十分难得的机遇。高职院校要想赢得社会与公众的认可，就必须要搞好人才培养，为社会、国家培养出符合需求的高素质、高质量的人才，使他们有能力、有态度为社会服务、为国家服务，尽职尽责，坚守使命。同时，在这个过程中，他们也可以不断发展自身的能力，更好地服务于社会。在高职院校的改革方案中，将工匠精神融入其中，符合高职院校改革发展的需要，有助于高职院校人才的培养。近些年来，国家越来越强调对"工匠精神"的培育，在职业教育领域更是如此。在 2020 年度至 2023 年度的《职业教育提质培优行动计划》之中，就明确规定了职业教育中工匠精神的专题教育学时必须要大于或等于 16，从而使学生能够更好地了解工匠精神，促进其内心工匠精神的培育。对于高职院校来说，工匠精神的培育能够为其培养更多高质量的人才，实现高职院校职业教育的高质量发展。在高职院校的改革发展过程中，工匠精神中所蕴含的种种精神都是必须要具备的，如协同共进的合作精神、精益求精的价值追求、一丝不苟的敬业精神等。因此，高职院校要在其改革发展之中融入工匠精神，这样，才能培养出高质量、高素质的具备工匠精神的人才，满足社会与国家的需要。

（二）有利于推进"双高计划"建设

为了推动职业教育的改革发展，国家推出了一系列的政策，比如 2019 年，

---

① 中共中央办公厅、国务院办公厅印发《关于推动现代职业教育高质量发展的意见》. 中华人民共和国国务院公报，2021（30）：41-45.

② 国务院印发《国家职业教育改革实施方案》. 教育发展研究，2019，39（3）：77.

针对高职院校，国家启动了"双高"计划。所谓"双高"计划，就是指教育部针对高职院校启动了建设一批中国特色、世界水平的高职学校和专业群的计划。"双高"计划要求各个高职院校要了解自己的短板缺点，然后逐一补齐，同时还要求各个高职院校要进行产教融合，融入区域发展之中。高职院校要培养一批高水平的工匠人才，为国家与社会发展做贡献，努力发展成为一流的高职院校，不断向着国际水平靠近，增强国际竞争力。高职院校要把握其本身的办学特点，在这个基础上，同时还要掌握社会各行业的发展要求以及高职学生的成长规律，在"双高计划"中融入工匠精神，也就是说将工匠精神的规划与布局融入"双高计划"的建设之中，使工匠精神能够深层次地融入教学工作、教师队伍建设、校企合作、国际交流之中，建设出具有中国特色的高水平职业院校。另一方面，高职院校要在"双高计划"建设之中，培养出具有工匠精神的高水平技能人才，培养出一丝不苟、精益求精的教师队伍，从而更好地提升人才培养质量，推动中国产业向着中高端不断发展。

三、工匠精神是思想政治教育工作的精神资源

（一）有利于丰富思政教育的内容

在对学生进行思想政治教育时，高校要始终遵循与时俱进的原则，始终与时代的发展相适应。如今，在制造强国发展战略下，高校也必须要与之相适应，在思想政治教育中加入工匠精神，与当前时代发展需求相适应，符合社会的需求，为强国战略培养更多人才。当代工匠精神继承了传统工匠精神中精益求精、追求完美的精神，同时还加入了一些优良的精神品质，如爱国主义、吃苦耐劳、大局意识等。对于学生来说，高职院校在对他们进行各种技能培养的同时，也应该要加强对其思想素质的培养。工匠精神作为一种先进文化理念，赋予了高职院校人才培养新要求。在新的人才培养要求下，要加强对学生工匠精神的培养，就必须要将工匠精神融入思想政治教育的各个层面。只有这样，学生才能够在潜移默化中更好地了解工匠精神的内涵，将其与自身专业素质相结合，爱岗敬业，精益求精，勇于创新，不断创造。

（二）有利于提高思政教育的实效性

在思想政治教育过程中，实效性就是指从对学生的思想政治教育到学生自身的认识、实践与行为，也就是从书面了解到实践行动的过程。在高职院校中，对学生进行思想政治教育，无非是两点目的，一是指要使学生不断实现自己的人生价值，二是使学生成长为社会主义的合格建设者。在如今时代发展的背景之下，高职院校的思想政治教育内容必须要与时代相贴合，更重要的是要符合高职人才培养的特点，其思想政治教育才能充分展现出极强的时代性与实践性。工匠精神中包含着许多内容，如爱国主义精神、合作精神、敬业精神、创新精神等，这些都值得高职院校的学生学习，通过学习这些精神，学生可以更好地建设祖国，更好地融入当代社会，更好地发扬专业精神与创新精神，努力探索，精益求精，实现思想与能力的跨越式发展。因此，对于思想政治教育工作来说，工匠精神是丰富的精神资源，有利于思政教育工作的顺利进行，提高实际效果，十分符合当前高职院校学生的发展需要。

（三）有利于体现思政教育的价值导向

在高职院校思想政治教育工作中融入工匠精神，有助于体现思想政治教育的价值导向，能够促使学生形成符合社会发展需要的价值观。目前，越来越多的企业开始注重职业素养问题，不只是关注学生的职业技能与知识，更关注学生的可持续发展，这对高职院校提出了一定的要求。高职院校在进行人才培养时，不仅要注重对学生的知识理论与实践技能的培养，更要培养学生的职业素养。目前，在意识层面，高职的学生已经了解了德行修养与职业发展的问题，但是在实践层面，学生还远远达不到社会的要求。对于学生来说，工匠精神中的执着专注、敬业、精益求精的态度等都可以引导他们不断改进自己的实际行为与做法，引导他们不断发扬工匠精神。如今，随着科技的发展，生产操作逐渐实现机械化，人们从繁重的体力劳动中脱离出来，在制造业中也是这样，人们更多地转向脑力劳动。在这种时代背景下，企业也逐渐提高了对高职学生的要求。在对高职学生进行思想政治教育时，要将工匠精神融入其中，引导学生树立正确的就业观念，面对工作要专注，要敬业，要勤奋踏实，使学生能够立足于岗位，不断发展自身，实现自我价值，为事业献策献力，不断推动我国向制造业强国发展。

四、工匠精神是高职学生成长成才的精神力量

（一）有利于培养学生坚守专业的精神

在我国制造业的发展历程中，高职学生是其中一批十分重要的成员，他们坚定地投身于技术事业之中，为我国制造业的发展作出了自己的贡献。因此，增强高职学生的专业情怀，培养他们坚守专业的精神，是重中之重。在高职院校中对学生工匠精神的培育显得十分重要，要培育学生爱岗敬业、执着追求的信念，促使他们能够正视自己的工作，干一行，爱一行，确立对自己所学专业的深厚情怀，从而不断发展。

（二）有利于坚定学生的理想信念

根据教育部统计数据显示，2021 年全国高等学校共计 3012 所，其中普通本科院校 1238 所，高职高专院校 1468 所，高职高专院校占高校 49.3%。通过上述这些数据可以发现，近年来，无论是专科院校，还是本科院校，其招生规模都在逐渐地扩大。目前，在我国大学生中，高职院校的学生是重要的组成部分。对于社会来说，高职院校的学生和普通大学生一样，都是社会的建设者与接班人，他们的价值观念在一定程度上也在影响着整个社会的发展，因此，针对高职院校学生的人才培养必须被高度重视。高职院校更是要严格培养高职学生，使他们能够成为符合社会与国家需求的人才。对于高职学生来说，他们的优势是动手实践能力比较强，他们要追求的目标就是要通过不断地实践成为高技能人才。因此，高职院校要抓住这个共性，增强高职学生的知识储备，使他们不断参与实践活动与训练，增强他们的实践技能，使他们能够实现自己的目标，真正成为技术能力水平较高的技术人才。近些年来，我国一直实行"制造强国"战略，在这个战略的实施过程中，那些精益求精、不断创新的工匠发挥了至关重要的作用。如今，将这种工匠精神融入高职学生的培养之中，能够使他们坚持学习、刻苦努力、不断实践，最终实现自己的人生价值。

（三）有利于提高学生的人文素养

在高职院校的学生培养之中，如果仅仅只注重知识与技能的培养，那是远远不够的，还需要提高学生的人文素养，促进学生的品质提升，使学生得到全面发展，相比起具备单一知识技能的学生，当前企业更加喜欢聘用那些知识面广泛、具备复合型技能的学生。因此，为了使学生更好地就业，使他们能够符合社会的需求，高职院校必须要培养学生掌握多种要素，如知识、技能、素养、创新等，要能够让学生实现全面发展。工匠不仅只是指一种技术，更重要的是一种思维。这种思维逐渐在一群人身上共同体现出来，展现为一种群体的特征，这就是工匠精神。在高职学生人才培养中融入工匠精神，能够提高高职学生的职业迁移能力以及创新能力，能够赋予高职学生一种使命感，促使他们明确自己的职责，不断发展自身，提高自身的人文素养，全面健康发展。

第三节 工匠精神的可传承性

一、根植于专注的技能提升

工匠最基本的能力就在于其高超的技艺，正如罗森布鲁姆所说，技术是企业发展、产出、传递其产品和服务的知识、诀窍、技艺理论与实务的结合[1]。

（一）反复练习，精益求精

人们常说的"熟能生巧"，就是通过对某一项技能的反复练习，达到熟练于心的程度。在生产操作过程中也是这样，要学习一项技能，仅仅在书本上学习是不够的，还需要不断实践，反复练习，才能够熟练掌握这项技能。

《考工记》中对各个工种的制作标准有详细的记载。对凫氏的制钟有如下描述："是故大钟十分其鼓间，以其一为之厚；小钟十分其钲间，以其一为之厚""为遂，六分其厚，以其一为之深而圆之"[2]。通过上面这些描述可以知晓，

---

① 那日苏.科学技术哲学概论 [M].北京：北京理工大学出版社，2006.
② 苏笑柏.考工记 [M].沈阳：辽宁美术出版社，2014.

在古代，工匠制作生产某一个物品时往往要求十分严苛。严苛的要求与标准，促使工匠精益求精，促使他们反复练习，以适应这个制作标准。通常情况下，人们在习得某项新的知识与技能之后，可能认为对其已经相当熟悉与了解了，但实际上，这种知识与技能在脑海中的记忆还不稳定，必须要经过反复的训练才能够真正地掌握它。因此，人们学习新知识技能之后，必须要进行长期的反复训练。

（二）依据市场反馈进行质量监督

在产品的质量监督方面，日本做得很好，他们的理念基础是"在各道工序中产出优质品"，在这个基础上加强自主检验，能够更好地保证产品的质量。例如，梅原胜彦自 1970 年开始便着手制造弹簧夹头，其公司 2003 年上市时仅有 13 名成员，却有 1.3 万家国外的客户，并且在国内市场占据 60%[①]。梅原胜彦的公司自原料开始到成品都拥有质量管理的程序。

实际上，可以将企业的精英化管理模式融入工匠的管理之中，也就是说，工匠要自觉、主动地对自我进行管理。在制作生产过程中，工匠要自己有一个标准，并在确定的标准之内，对产品进行生产制作，将一些不良质量的生产品剔除出去，自主地对质量进行监督。

在市场上，竞争与合作十分重要，要创造一个良好的竞争与合作环境，依据市场反馈来对产品质量进行监督，改进生产工艺，提高生产质量，杜绝各种纰漏。

二、根植于兴趣的专业态度

（一）树立经典的传承意识

目前，我国有着大量的民间工艺，比如刺绣、陶瓷等，这些民间工艺蕴含着中华民族几千年的文化传承，展现出独特的民族特色。要对其进行传承，就必须要树立经典的传承意识，坚守传承信念，不断精进与发展技艺。有了传承

---

① 汪中求.日本"工匠精神"：一生专注做一事 [J].决策探索（下半月），2016（3）：71-72.

意识，才有不断精进的动力，才能更好地促进它的传承与发展。从传承经典中汲取的是技艺和"如切如磋、如琢如磨"的职业意识，通过反复的改良创新、取其精华，将经典为我所用，即以一种加强对文化"自知之明"的方式，增进工匠对新环境及新时代文化转型的自主能力，最终自成一体①。

（二）有着高度的情感认同

要传承工匠精神，就必须要对其有着高度的情感认同，只有对其有了一种高度的情感认同的态度，才能够更好地传承与发扬工匠精神。中央广播电视总台曾经有一档《大国工匠》的电视栏目，这个栏目主要讲述大国工匠的工作状况，聚焦工匠群体，向人们展示大国工匠的精湛技艺。在《大国工匠》栏目中有一位工匠毛腊生，他主要负责为导弹制造外衣，而导弹的舱体结构比较复杂，必须采用手工来进行制造。在这个过程中，工匠要集中精力，保持高度的专注，才能够完成制作。在工作岗位上，他解决了多项技术难题，保质保量地完成任务，改进生产工艺，这所有的一切都是因为他对自己的本职工作有着高度的感情认同，这是支撑他不断前行的根本动力。

除《大国工匠》电视栏目之外，还有一个纪录片也展现出了工程师的高超技艺，这档纪录片就是《中国功夫》。《中国功夫》将焦点转向一线的工程师，他们用自己的双手创造着奇迹，也为我们留下了许多感动和思考。在节目中，他们安静沉默，以严谨认真的态度对待自己的工作，不断改进技术，创造出一个又一个工程上的奇迹。比如，杜银学在从事的 3D 打印工作中经过一次次的研究与探索，创造出多项变革性技术。这些变革技术的创造与他自身对其工作领域的深入探索求知有关，与其团队也有关。从最初的尝试到如今成功地将其运用于实际生产之中，这一切都离不开他与团队成员之间良好而又坚定的合作关系。当然，最重要的原因是他对所研究的工作领域的热爱，他对 3D 打印领域有着高度的情感认同，这推动着他不断地进行研究与探索，最终取得成就。

---

① 费孝通. 反思·对话·文化自觉 [J]. 北京大学学报（哲学社会科学版），1997（3）：15-22，158.

通过上面这些案例可以知道，对于工匠来说，要想做好本职工作，传承工匠精神，就必须要对本职工作有高度的感情认同。在工作之中，只有对其充分认同，充满热情，才能够更好地参与其中，激发自己的积极性与创造性，发现问题，解决问题，并且在解决问题的过程中内心获得一种满足感，将其作为奋斗一生的事业。

三、根植于信念的价值追求

（一）追求价值理性

工匠具备对本职工作的信念感，这种信念感包含工匠的自我价值追求及社会的职业价值认识和角色认同[①]。在古代，工匠主要是被皇家、王公贵族以及比较富裕的家庭雇佣的，地位往往比较低下，甚至稍不注意便有丧命的危险。在这种情况下，工匠的自我价值追求被严重限制。近代以来，随着机器大生产时代来临，工匠开始从身份上向职业转变，成为具有一定专业技能、有较高经济地位并在市场上占有一席之地的人。传统手工艺也开始发生变革，获得了新的生命力，而且机械工业开始逐渐发展起来。这种变化改变了传统手工艺人与机器之间的关系，促使工匠从被动接受变为主动创作。因此。在现代社会背景下，工匠的创造性得到了更好的保护，同时，他们也能够更好地实现自己的人生价值。

在《国语》中曾经有鲁国工匠师庆的记载，他是当时一个比较著名的工匠。根据这个人物，在《庄子·达生》中创造了一个叫作梓庆的角色，在生产制作过程中，梓庆观察飞禽走兽的天然形态，然后将这种形态赋予所塑造的产品之中。

（二）去时间化的手作叙述

目前，在现代化的生产制作中，工具化的时间性特质被填充到工匠的价值伦理之中，这给他们带来了一定的问题，使他们无法保证工匠精神的深入探索

---

① 余同元.传统工匠现代转型研究 以江南早期工业化中工匠技术转型与角色转换为中心 [M].天津：天津古籍出版社，2012.

和发展。因此，必须要赋予工匠时间可逆性，将时间不可逆的手作技术和文化进行去时间化，使他们能够更加深入地探索发展工匠精神。

在古代道教思想中，人们可以从对某一件事物的审美观赏出发，继而对整个世界与人生进行观照，从中发现某些道理与内涵。在工匠的制作过程中也是如此，当工匠的技艺熟练之后，他们可以随心所欲，其生产制作的过程就可以进入一种审美的境界，将生产制作过程中的道法与技法融会贯通。

（三）志在真诚、恪守不违

鲁迅在《坟·摩罗诗力说》里提到"无不刚健不挠，抱诚守真"[①]，在这句话中，讲述了一种真诚的精神，"真"就是指遵从本心，要遵从自己的内心，正视自己，充分肯定自己的人生价值，同时还要承担起自己的责任。工匠作为社会中具有独立人格和职业操守的人，他们所从事的工作都有其特定的目的——为他人提供服务。在工匠的工作过程中，他们也是在实现自己的人生价值。在工匠的生产制作过程中也存在着这种"真"的关系，工匠生产制作中的这种"真"与工匠、客户之间的信任有关，客户信任工匠，让工匠生产制造某件物品，工匠接受了这份信任，也要给予回馈，自觉完成其交代的事，即在适当的时间范围内，生产完成质量达到规定标准的产品，将其交予客户。对于工匠来说，他们必须要在与人交往的关系中时刻保持一种"真"的状态，才能让其他人对其有充分的信任。

《礼记·大学》有言："大学之道，在明明德，在亲民，在止于至善。"[②]从这个角度讲，工匠精神也就是对自己、他人及社会负责任的精神，即工匠的自爱与自律。当工匠的技艺达到了一定水平，其自身的道德信念与价值取向也应当成为人们的楷模。到了那个水平之后，工匠所在意的就不是技艺的提高，而是回归到自己本身。

对于工匠来说，前期是学"技"的过程，后期是学"道"的过程，"技"是指技术、技能，而"道"是指人们心中的一种信念，一种规律。工匠首先学习

---

① 鲁迅.坟[M].北京：人民文学出版社，1998.
② 戴圣.礼记[M].中华文化讲堂，注译.北京：团结出版社，2017.

那些外显的知识与技能，在实践中不断锻炼自己的技术，后来，随着技术不断地提升，工匠开始实现了技能的习惯化与自动化，做到心中有数，境界不断地提升，最终实现人与物的统一。工匠在心中建立起一种信念感与自豪感，对其本职工作充满热爱与热情，这也支撑着他们在这个领域不断地发展。

四、根植于社会主义先进文化

新时代工匠精神一个很重要的特征就是"新"，正是这个"新"使它区别于传统的旧文化。那么，是什么铸就了这种"新"呢？其根本原因在于它根植于中国特色社会主义制度下的先进文化，它以中华传统优秀文化为源头，以中国先进文化为革新方向，以马克思主义为指导，与社会主义先进生产力相匹配，能够体现时代精神。

中华传统优秀工匠文化是新时代工匠精神的重要源头。中国传统匠人尊重自然、追求工巧、孝悌忠信、敬业守业、推己及人、注重名节等优秀品质是新时代工匠精神古典性和本土性的重要保障。同时，这也是新时代工匠精神接地气、有亲和力、能感召人的"本土性"魅力根源。

中国革命文化是新时代工匠精神革命性的重要保障。新时代工匠文化是一种推陈出新、继往开来的文化。它内在蕴含了中国革命文化雷厉风行、敢于直面文化弊端、厉行革新的品格。客观来说，没有革命文化的重要保障，传统工匠文化的选择性继承、创造性转化、创新性发展等就难以实现。

对于新时代工匠精神来说，马克思主义是其中的关键部分，如果缺乏马克思主义的指导，那么新时代工匠精神在回应诸如"为何要敬业""为谁而工作""有何意义"等问题时，很容易陷于表浅，难以摆脱现实的局限。关于马克思主义，习近平总书记作出高度评价，他说："在人类思想史上，就科学性、真理性、影响力、传播面而言，没有一种思想理论能够达到马克思主义的高度，也没有一种学说能像马克思主义那样对世界产生了如此巨大的影响。"[1] 意识形态是文化的旗帜和灵魂。马克思主义的指导决定着新时代工匠精神的社会主义

---

[1] 源于时代超越时代——习近平这样论述马克思主义 [J]. 理论导报，2019（5）：43-44.

内涵和价值追求。为人民服务成为精益求精工作的宗旨与目标，这样的格局与胸襟已远非以往剥削阶级价值观所能比拟。新时代下匠心员工会将个人发展与家国情怀紧密联系在一起，关注社会需要和国家发展战略，顺应社会主义事业前进趋势，勇于面对挑战，积极创新，奉献精品，贡献能量，为践行社会主义核心价值观而不断努力。

新时代工匠精神作为社会主义先进文化的重要组成部分，既是中国社会主义生产力生产关系健康发展的需要和产物，也在当今时代形塑着中国人的职业价值观。"爱国、敬业、诚信、友善"不是口号，而是助力中国制造走向中国智造、中国质造转变的内在力量。

第二章　高职院校的工匠精神培育概况

本章主要研究高职院校的工匠精神培育概况，主要围绕高职院校培育工匠精神的必要性与紧迫性和高职院校工匠精神培育的现状两个方面展开论述。

第一节　高职院校培育工匠精神的必要性与紧迫性

一、高职院校培育工匠精神的必要性

高职院校应重点培养具备良好道德素养和技能的优秀人才。想要达到此目标，就应该发扬和学习工匠精神，而且还要将这种精神融入学生的思想中。这种精神在院校培育人才的过程中占据非常重要的地位，是必不可少的，还决定了高职学生是否能够实现个人价值。换句话说，工匠精神是高职院校培养德技并修的技术技能人才的核心要素。

（一）人才培养目标的必然要求

《关于推动现代职业教育高质量发展的意见》中写到，建设技能型社会，发扬工匠精神，培养更多高素质技术技能人才、能工巧匠、大国工匠，为全面建设社会主义现代化国家提供有力人才和技能支撑[1]，高等职业教育在我们目前职业教育过程中的影响非常大，同时还是大量培养人才的重要途径。在过去的一段时间里，职业教育总是为推进社会改革和发展提供着重要的人才支撑。职业教育的使命和责任在不同的时期也发生了转变，从刚开始的希望人才能够"实用"，到后来的希望人才可以"应用"，最后到目前的希望人才可以"技术技能"，充分地显示了在不一样的历史阶段，职业教育也扮演着不一样的角色。

在当今这个时代，我们的国家面对又一次技术革新，对人才的需求越来越注重技能性。因此，不断提高打工人的素养，不断培养具有工匠精神的技能人才，是非常紧迫的事情。工匠精神是人类发展过程中慢慢演变出来的，象征着技术与精神的高度统一，是技能型人才应该拥有的品质。职业教育可以培养大量的技能型人才，其中最本质的是能够培养既拥有才识，又拥有素质，还拥有技能的全方位、多功能的人才。

---

[1] 中共中央办公厅、国务院办公厅印发《关于推动现代职业教育高质量发展的意见》. 大视野，2021（5）：1-2.

因为高职院校的学生来自各个民族、各个区域，每个人的学习水平或者个人文化素养都有所不同，所以院校就应该因材施教，根据不同学生的不同特性，采用与他们相配的教学方法，并将工匠精神传递给他们，让他们能够提高自身的素养，变得更加热爱自己的国家，更加主动学习。正因为有这种工匠精神的存在，才与思想政治教育更加适应，才能够培养出适合国家发展的优秀人才。

（二）人才培养模式的必然要求

高等职业教育培养人的方式主要是将德行与技能相结合，将学术理论与实践技能紧密融合。将品德与技能共同进修，这不只是拥有较高素养的劳动者应该具备的，同时也是造就这些人的最主要的方法。总之，高等职业教育需要注重培养学生的职业素养和职业道德，使他们不仅具备专业技能，而且具备高度的职业素养和职业道德，以及现代工匠所必须具备的追求卓越的工匠精神。

高职院校的教育模式强调工学结合和校企合作，使学生在实习和实训中拥有双重身份，可以说是一名学生，也可以说是一名员工。并且，高职院校通过与企业进行合作，共同打造实践训练的场所，或者展示大师的办公室等，让企业也能够有机会参与到人才培养的计划中来。以上这种培养人才的方法，让高校和企业都成为教育主体中的一部分，让教育的环境变得更加多样化。我们如果想让学生在学习过程中拥有好的价值观念以及正确的劳动观念，就应该注重学生的全面培养，做好思想教育工作，在实践活动中让学生提升自身素养，走出课本，走向社会。

在工业结合的模式"职业性""实践性"的特点下，以工匠精神为核心的职业道德成为学校和企业共同开展思想政治教育的载体，贯穿在工学结合人才模式始终。企业是制造大国的重要组成部分，更加重视工匠精神，致力于培养大国工匠和技能人才。在工学结合和校企合作模式下，学生更容易直观地认识工匠精神。一方面，企业员工的工作态度、工匠文化和管理理念将在生产和服务的各个方面中进行展现。学生在实际的活动中受到他们的影响，潜意识中学习他们身上的精神，并融入自身的动作中，将其内化，从而变成自己的力量，进而有目的地实现自我理想。另一个方面，企业在接纳实习生时，不仅要保证生产质量，还要多注重对于人才的培养。正是因为想要得到更多品德与技能共有的优秀人才，所以企业也应该更加注重学生的实习过程，以工匠精神去引导，以更高的规范、更加严苛的标准让他们实践、成长，使其能力得到快速的提升。并且，学生毕业后去工作的地方更多的是企业，所以说，加强工匠精神的培养，才能让学生快速在实践活动中成长，才能够与企业的高标准要求相匹配。

高职院校的工学结合培养模式必须将工匠精神融入思想政治教育中，因为工匠精神中所包含的职业道德，以及关于对技术的追求都是思想政治教育和技术技能最高程度进行融合的体现。所以说，上面的做法是高职院校为培养具有高职素养和职业道德的德技并修人才而采取的必要措施。

（三）实现个人价值的必然要求

职业教育想通过学校的教育去提升学生的知识和才能，使每个人都能成为有用之才，拥有展现自己的机会。在青年群体之中，高职学生占据了很大的一部分。这些学生将来成为什么样的人，又或是发展成什么样，对于国家的发展和社会的稳定都至关重要。因此，高职院校每年扩招 200 万人，旨在为更多年轻人提供接受职业教育的机会。

在教育的实施过程中，不仅要关注学生技能的提升，更要重视他们精神层面的发展，让他们获得自主、自由，并树立自信。工匠精神是一种将道德和技巧完美结合的精神状态，不只是追求技艺的纯熟和超越，还体现了对职业的敬畏之心。高职院校要将工匠精神融入教育教学中，培养出更多具有高素质职业道德和技能的人才，为实现个人自由和国家繁荣昌盛作出贡献。

我们需要在思想政治教育中弘扬工匠精神，树立正确的劳动观念，通过劳动实践提高自身技能和职业素养，进而让自己的人生理想得以实现。在现在这样的大环境下，高校毕业生群体逐渐庞大，解决就业问题也成为重中之重，而职业教育是以就业为导向的教育。高职院校毕业生因其掌握的实用技能，仍然具有较大的就业优势和市场需求，许多用人单位甚至在学生毕业前已经提前预订。以上这种情况使得越来越多的高职学生有了更多的自信去努力实现自己的理想，去学习更多的技能，实现自我价值。

工匠精神是技能人才的重要素养，同时也是个人全面发展的关键因素。对于学生而言，工匠精神能够激发他们终身学习的热情，不断提高自身素质水平，从而实现个人的价值。

（四）落实立德树人根本任务的必然要求

2016 年 12 月，习近平总书记在全国高校思想政治工作会议上强调，高校思想政治工作关系高校培养什么样的人、如何培养人以及为谁培养人这些根本问题。要坚持把立德树人作为中心环节，把思想政治工作贯穿教育教学全过程，实现全程育人、全方位育人，努力开创我国高等教育事业发展新局面[1]。

习近平总书记强调，"思想政治工作的根本目的是培养人的工作，必须将学生看作核心，不断提高他们的思想水平、政治觉悟、道德品质、文化素养，让他们成为具备德才兼备、全面发展的人才。"[2] 在此背景下，高职院校应当通过培育和弘扬工匠精神，对学生进行德育教育，并将立德树人贯穿于教育教学全过程中。随着全球化、信息化和后工业社会的发展，人类所面临的德性挑战越来越严峻，高职院校尤其需要将德育工作放在突出位置，应注重培养学生的工匠精神，以培养全面发展的技能人才为目标。

二、高职院校培育工匠精神的必要性

在 2013 年 4 月的汉诺威工业博览会上，德国提出了"工业 4.0"战略，引领了全球范围内的工业转型。

为了成为全球制造强国，我国于 2015 年发布了《中国制造 2025》战略，计划在未来十年内推进国内制造业的转型升级。虽然我国已经成为全球最大的制造生产国之一，其产值占全球的 20%，生产出 220 多种工业品，位列全球首位，但是，在一些行业，我国的技术水平还是有待提高。所以，提倡"工匠精神"是"中国制造 2025"战略的必要之举。

---

① 习近平在全国高校思想政治工作会议上强调：把思想政治工作贯穿教育教学全过程 开创我国高等教育事业发展新局面 [J]. 教育文化论坛，2016，8（6）：144.
② 同①。

（一）工匠精神是制造强国的基础

为了实现中国制造 2025 的发展目标，让我国向制造强国的目标迈进，需要通过培育和发展创新的工匠精神。高职院校是高技术人才培养的主要阵地，承担着对工匠精神进行培育的责任、使命。所以，高职院校应该加强观念的转变，不断深化课程及教学改革，注重实践教学与实训环节，积极营造培育工匠精神的氛围，努力培养更多的"大国工匠"。

在工业 4.0 的革命中，中国作为制造大国，在产业结构调整和经济转型升级方面有紧迫的需求。这也让很多企业更加需要拥有精湛技艺的职业工人，而不是只有专业技能的普通员工。因此，我们需要重视和培养工匠精神。此外，强化高职学生的工匠精神培养不仅关系到学生个人的成长和素质提升，也关系到高职院校及职业技术教育事业的可持续发展。

（二）中国成为制造强国需要工匠精神

对于中国制造而言，工匠精神是其精髓和灵魂。工匠精神所倡导的是注重细节、不断改进产品、追求完美的严谨精神和精益求精的卓越追求，必须持续不断地坚持和专注才能获得最优质的产品和服务。在互联网时代的快速发展中，工匠精神仍然具有重要意义。在中国制造业转型升级的道路上，工匠精神恰恰是必不可少的。我们需要发扬工匠精神，推动中国制造业的发展，使其从"制造大国"向"制造强国"的目标迈进。

观察世界上的制造业强国，他们都十分看重生产过程的稳定程度，还有是否用到了先进的材料，以及是否拥有完美的工艺流程。达到这样的程度与技术工作人员的工作态度有十分密切的关系。总之，如果我国要保持制造业大国的地位并向制造强国迈进，必须大规模优化和调整产业结构。此外，还需要我们对生产要素进行更多改变，尤其是在培养人才模式与方向上投入更多的精力，进而让劳动者具有更高的素质，并将工匠精神融入日常工作中。以上正是企业可持续发展和产品精益求精的关键推动力。高职院校是"两高"人才培养的主要阵地，其培养工作必须承担重要的使命，即培养更多具备工匠精神的高技能人才，以推动我国成为制造业强国。

（三）中国梦需要工匠精神

在新的发展时代，我们需要更加重视并发扬创新的工匠精神。这种精神并不仅仅是一种态度、坚持和品质，更是一种强大的力量、修行和信仰。只有放下个人利益，才能取得更大的成就；只有关注集体利益，才能成为一名真正的专业人士。青年是祖国的未来，我们应该向工匠学习忘我和专注的工作态度，并将这种精神继承并发扬。

中国梦的实现需要强大的工匠精神支持。中华民族伟大复兴是我们共同的目标和责任。无论是国家、企业还是个人，都应该发扬工匠精神。寻回工匠精神，是中华民族伟大复兴的必经之路。中国工匠将继续坚持不懈、勤勤恳恳的工作态度，通过技术攻关、科技创新，推动产品质量不断提升，满足国内外市场需求。

第二节　高职院校工匠精神培育的现状

一、弘扬工匠精神逐步成为社会共识

工匠精神是历史上匠人在生产制造中形成的内在精神特质和外在技术表现的凝聚，涵盖了专业技能的卓越和不断追求卓越的专业态度、职业操守、严谨高效的工作品质，以及对完美和人文关怀的不断追求。作为一种职业精神和人文素养，工匠精神体现了从业者的职业价值观和行为表现，也是当代社会推崇的一种时代风尚。近年来，弘扬工匠精神已经慢慢成为全社会的共识，并在以下几个方面得到了体现：

（一）国家层面

随着我国经济发展进入新常态，建设制造强国急需一大批高素质的技术技能人才。2015年，中央电视广播总台推出《大国工匠》系列纪录片，讲述了我国8位工匠用8双劳动的手所缔造的制造神话，即8位普通工人用匠心砥砺精神，在各自的岗位上创造出精湛的手工艺品的故事。习近平总书记高度重视工

匠精神，强调要建设知识型、技能型、创新型劳动者大军，弘扬劳模精神和工匠精神，营造劳动光荣的社会风尚和精益求精的敬业风气。时任国务院总理李克强在政府工作报告中多次强调，要鼓励企业实施个性化定制和柔性化生产，培育精益求精的工匠精神，增加产品品种、提高产品质量和树立品牌形象。他还提出了全面提升质量水平的目标，并强调要广泛开展质量提升行动、加强全面质量管理、夯实质量技术基础、强化质量监督、健全优胜劣汰质量竞争机制。这些都是为了推动中国经济发展进入高质量时代，让中国制造更具竞争力，并打造更多享誉世界的"中国品牌"。党的十九大、二十大报告和政府工作报告中多次提到工匠精神，引起了人们的关注，各地区、各部门纷纷出台相关文件，贯彻落实中共中央国务院相关要求。培育工匠精神、打造大国工匠成为全社会的共同话题。可以说，培育工匠精神已成为新时代发展的需要。

（二）学校层面

教育部发布了《关于深化职业教育教学改革全面提高人才培养质量的若干意见》，其中强调了将提高学生职业技能和职业精神相结合。为了形成常态化、长效化的职业精神培育机制，我们需要积极探索有效的方式和途径，并注重培养劳动精神、敬业守信、创新务实等精神。同时，在实习和实训环节中，我们要加强学生的安全意识和纪律意识，培养良好的职业道德。通过深入挖掘劳动模范和先进工作者、先进人物的典型事迹，引导学生树立立足岗位、增强本领、服务群众、奉献社会的职业理想，而且加强他们对职业理念、职业责任和职业使命的认识与理解。

随着工匠精神在当今社会发展过程中的影响日益增强，职业教育的人才培养目标和规格应与工匠精神所代表的职业价值观和职业道德观相一致。所以，在职业教育人才培养过程中注重工匠精神，不仅是适应时代发展需要的有效完善与调整，也是职业教育自身改革发展的必然要求和提高人才培养质量的重要选择。

（三）学生层面

目前，正是我们国家由"制造大国"向"制造强国"迈进的关键时期，企业也越来越重视员工的工匠精神，在人才招聘过程中加大了对学生工匠素养的考察力度，把是否具备耐心、专注、严谨、一丝不苟、精益求精等品质，作为选人的重要标准。以航空产业为例，当前我国航空产业正处于蓬勃发展的阶段，军用航空、民用航空、通用航空产业表现出强劲的发展势头。要推动我国航空产业发展，就需要培养具有工匠精神的技术技能人才，同时我们也需要在职业院校探究培养高技能航空人才的课程体系和教学模式，以满足航空产业快速发展的需求。为此，航空类院校和专业应积极推进校企合作、产教融合，不断进行课程改革和教学模式创新，提升专业内涵建设水平，培养更多具备知识、技能和创新能力的航空工匠，为中国由航空大国向航空强国迈进提供强有力的人才支撑。

从企业的需求来看，当前特别需要大量具有工匠精神的技术技能人才，特别希望职业院校在教学过程中大力培育工匠精神。这年来，院校开始重视工匠精神，并扩大宣传的范围，把工匠精神和教师教学有机融合，营造大力弘扬工匠精神的良好氛围，同时请企业人力资源部门负责人向学生介绍企业用人方向，突出工匠精神在企业选人用人中的作用，让学生充分认识工匠精神对于自己成长成才的重要性，促进学生未来职业生涯的发展。

二、工匠人才培养成为职业院校的责任

院校教育究竟应该培养怎么样的人、又该怎么去培养人、又是为了谁去培养，这三个问题是教育工作核心的问题，教育工作的根本任务便是立德树人。高等教育担负着培养德智体美劳全面发展人才的任务。对于职业院校而言，培养具有爱岗敬业、严谨专注、精益求精的工匠精神的工匠人才就是其立德树人的核心内容。培养工匠人才需要职业院校强化学生思想政治教育，改革人才培养模式，加强师资队伍建设，建设对接生产的实训教学现场。近年来，各职业院校纷纷加大对工匠精神的宣传力度，把培育工匠精神和培养工匠人才作为学校的使命。

（一）建设产教融合平台

培养工匠人才，基础在学校，关键在企业。职业教育是与社会经济发展联系最为紧密的一种教育类型。培养工匠人才，对于职业院校而言，先要有促进教育与产业有机融合的途径和渠道。2017 年 12 月，国务院出台了《关于深化产教融合的若干意见》，文件指出，推进职业学校和企业联盟、与行业联合、同园区联结，实践性教学课时不少于总课时的 50%[①]。这既明确了职业院校培养工匠人才的实现途径，也对职业院校培养工匠人才的教学课时作出了具体规定。培养工匠人才要求职业院校搭建产教融合、校企合作的平台。近年来，各职业院校纷纷与行业企业联合，通过组建职教集团、产学研联盟、协同创新中心等，构建校企合作命运共同体，企业与学校共同开发专业人才培养方案和课程体系，合作开发课程，组织教学，把企业生产案例、工艺流程、典型任务引入职业院校教学当中，让学生提前了解企业生产管理情况、岗位任职能力要求，为工匠人才培养奠定了基础。《高等职业教育创新发展行动计划（2015—2018 年）》提出，要建设 180 个左右骨干职教集团和 20 个左右连锁型职教集团[②]。职业院校通过搭建产教融合、校企合作平台，形成了稳定互惠的合作机制，培养了具有工匠精神的高素质技术技能人才，促进了教育链、人才链与产业链、创新链的有机衔接，为人才培养供给侧改革和我国经济转型发展提供了有力支撑。

（二）变革人才培养模式

工匠精神需要工匠人才来弘扬、彰显与传承，但工匠人才不是喊出来的，而是需要社会营造适合工匠成长的环境，并且应该让院校与企业两者共同合作，同时对人才培养模式进行不断的完善，按照工匠人才成长的规律进行培养和训练。从我国职业教育发展历程来看，高职院校人才培养模式改革的必经之路就是产教融合、校企合作。多元化的主体要求其培养规格和培养方式等也必须是多元的，因此，工匠人才必须通过校企双主体培养，走校企合作、工学结合的

---

① 国务院办公厅关于深化产教融合的若干意见 [J]. 教育科学论坛，2018（3）：3-7.
② 教育部关于印发《高等职业教育创新发展行动计划 (2015—2018 年)》的通知 [J]. 中华人民共和国教育部公报，2016（Z1）：54-76.

人才培养路径。近年来，职业院校按照产教融合、校企合作、工学结合的职业教育发展路径，紧密对接行业企业，推进教育与产业深度融合，改革人才培养模式。由于工匠人才是一种技能人才，需要经过大量的实践锻炼才能培养出来，因此不能照搬原来普通教育的人才培养模式，必须通过"订单班""现代学徒制""鲁班工坊"等新的人才培养模式来实现。据《高等职业教育创新发展行动计划（2015—2018 年）》绩效报告显示，2018 年，全国 1349 所高职院校都与企业建立了长期稳定的合作关系。

从人才培养课程体系来看，培养工匠人才必须打破原来公共基础课、专业基础课、专业实践课的"三段式"课程体系，按照服务企业、对接职业岗位能力的要求，构建"通识能力课程（公共文化课）＋专业能力课程＋专业技能课程"的课程体系。在满足企业职业岗位要求的基础上，兼顾学生未来职业可持续发展需要，按照"适用为度"的原则，对课程内容进行取舍。具体而言，可以聘请校外行业企业专家、技能大师、能工巧匠与学校专业教师共同开发专业课程内容，将行业企业新工艺、新材料、新技术、新流程等融入课程内容，将企业工作案例、工作任务与项目等嵌入课程模块。如江西制造职业技术学院与省内外企业共同打造了互动共建、互利共赢的合作机制，开设中兴软件、富士康、海信空调等特色班，坚持以岗位技能培养为中心，与合作企业共同探索"产学研训赛"五位一体协同育人的工匠人才培养模式，以教学实训、技能竞赛和创新项目为引领，从实践入手，调动学生的学习兴趣，为培养工匠人才打下了坚实的基础。

从教学内容与教学模式来看，工匠人才培养不是单纯的职业技能培养，还包括职业能力的综合培养，即关键能力的培养，这已成为当前职业教育人才培养的共识。当前，以项目教学、案例教学等为主的行动导向教学法已成为职业教育动手能力培养教学研究的新方向，这种教学法注重学生的参与，强调脑、心、手并用，通过先进的方法和手段，使学生努力寻求获得知识的方法，对工匠人才的培养起到重要作用。

（三）建设实训教学现场

工匠人才通过加工、制造等生产活动体现其存在价值，其最直接的外在表现就是技艺高超、技能精湛。培养工匠人才首先要求职业院校要有相应的实训场地和设备。在手工业时代，每一位工匠都利用自己的专长在各自的家庭作坊进行设计、加工、检验、销售等活动，所以家庭作坊就是其学习、工作、销售的场所。这一时期，工匠人才培养主要通过学徒制来完成，师傅通过口耳相传、手把手地把本行业的从业规矩、从业原则、生产制作要求与禁忌等传授给学徒，使其了解严密规范的行业章程和管理规范。同时，每一位工匠都在自己生产的产品上标记姓名、生产作坊的名称、生产的时间，防止有人仿冒或以次充好，这也表示工匠和作坊对这些产品的生产质量负责，即"物勒工名，以考其诚，工有不当，必行其罪，必究其情"。由此可见，当时家庭作坊集工匠学习、师傅传授、产品制造、质量检测、销售于一体，工匠培养的方式就是"教学做一体"。

这种培养方式为我们目前职业院校的工匠人才培养提供了很好的启示。近年来，各职业院校纷纷加强实践教学现场建设，校企共同打造实训教学现场。不少学校与世界 500 强企业合作，共同建设对接企业的实践教学现场，推进教学现场与生产现场对接。

同时，在实践教学现场全面开展数字化工卡教学，开发了数字化工卡管理系统，针对每个实训项目的每一道工序开发动画、视频等教学资源，随时供学生调阅和学习，实现线上学习与现场训练相结合。在每道工序中设置考核点，通过数字化工卡管理系统，在教师对学生实训情况考核合格后，自动转入下一道工序。教师通过数字化工卡管理系统对学生实训操作要点、操作过程、合格率等情况进行统计和分析，及时对教学任务和内容进行修正和调整。通过数字化工卡管理系统，教师可以实现实训内容指标化、步骤程序化、考核数据化，进一步规范和优化理实一体教学流程。通过数字化工卡教学，还能够培养学生严格按工卡施工、按程序操作的规范意识和质量意识。

（四）推进工匠精神与教育的融合

工匠精神的核心是爱岗敬业、严谨专注、精益求精的品质，这些品质的培养不是一蹴而就的，是经年累月受教师、师傅、优秀同事等人的教育、熏陶、感染而形成的。在个体成长受教育的阶段中，学校教育对人的世界观、价值观、人生观影响最大，因此，课堂教学与实践训练是培育工匠精神最有效的渠道。近年来，不少职业院校组织教师到职业教育发达国家学习"双元制"职业教育模式，并从中汲取培养工匠人才的先进经验。按照现代学徒制，相继开办"鲁班工坊"等，强调课堂教学在培养工匠精神中的主渠道作用，将工匠精神同思政教育、专业教育有机融合。一方面，坚持立德树人，明确将工匠精神纳入高职院校的人才培养目标。品德高尚是对工匠人才的首要要求，高职院校要把学生思政工作摆在首位，压紧压实各部门责任，牢牢把握育人主导权、主动权，扎实做好思政教育的各项工作。各高职院校要大力开展习近平新时代中国特色社会主义思想"天天见""天天新""天天深"系列主题活动，推进习近平新时代中国特色社会主义思想入脑入心，让学生牢固树立社会主义核心价值观。另一方面，构建"大思政"格局，高职院校要形成党委统一领导、党政齐抓共管、各部门单位协同推进的"大思政"工作格局，确保各类课程与思想政治理论课、思想政治工作队伍和专任教师同心同德，打造人人都是德育工作者、处处都是育人的好环境。目前，以大国工匠精神为引导，高职院校积极推动思政课程向课程思政转变，让各二级学院党总支书记、辅导员、专任教师都来种好自己的责任田，让每一门课程都融入工匠精神和思政内容，形成各类课程与思想政治理论课同心同向、同向同行、同频共振的协同效应，使学生潜移默化地受其影响，将工匠精神内化于心、外化于行。

三、逐步形成工匠成长的氛围

在制造业高速发展的新时代，工匠精神有了新的价值意蕴，它不再是个别工匠的个人追求，而是整个产业工人、技术技能人才共同的价值目标。近年来，国家为加快发展现代制造业，推进产业转型发展，高度重视职业教育，注重产业工人和技术技能人才的培养，尤其是具有工匠精神的高素质技术技能人才的培养，积极营造适合工匠成长的氛围与环境。

（一）举办职业院校技能大赛

2007 年，全国首届职业院校技能大赛在重庆举办；2008 年，全国职业院校技能大赛主赛场移师天津，并确定了以天津作为全国职业院校技能大赛主赛区，其他省市为分赛区的全国职业院校技能大赛制度，同时，确定每年 5 月份的第二周为全国职业教育宣传周。在举办包括中职、高职和技工学校在内的职业院校技能大赛的同时，全国各地开展了丰富多彩的职业教育宣传活动。2013 年和 2017 年，教育部分别制定了《全国职业院校技能大赛三年规划（2013—2015 年）》和《全国职业院校技能大赛实施规划（2017—2020 年）》，从宏观层面明确将职业院校技能大赛作为职业教育改革发展的一项制度设计固定下来。截至 2019 年，全国职业院校技能大赛已成功举办了 12 届，每年的技能大赛及伴随的职业教育宣传周已成为全国职业院校的一个重大节日。各省市也相继建立了职业院校技能大赛制度，形成校、市州、省和全国四个层次的技能大赛体系。通过分层分级竞赛，遴选优秀选手，组织培训和集训，培养未来的工匠人才，形成了"普通教育有高考，职业院校有大赛"的优秀选手选拔机制。职业院校技能大赛坚持对接专业教学标准，注重专业核心技能，强调适应岗位任职能力，贯彻"以赛促教、以赛促学、以赛促改、以赛促建"的目标，尽可能地扩大专业覆盖面，突出普惠性，通过聘请行业企业专家参与制定大赛规程、命制试题、编制大赛任务书、担任裁判等形式，推动职业院校与企业紧密对接，同时将技能大赛与技能考试、取得技术等级证书和职业资格证书结合起来，让技能大赛成为学生成长成才的重要平台和重要经历，让更多的学生了解大赛、参与大赛，并从大赛中受益。

（二）营造工匠成长的环境

近年来，国家高度重视以工匠为代表的技术技能人才培养，着力营造促进工匠成长的社会环境。

一是国家领导人高度重视。2014 年，习近平总书记在全国职业教育工作会议上就加快职业教育发展作出重要指示。他强调，我们应该有并且要坚持正确的人才观，去努力培养社会主义核心价值观并且要实践在生活中，努力提升人才培养质量，弘扬时代精神，创造一个让每个人都能发挥才能的良好环境，致力于培养数以亿计的高素质劳动者和技术技能人才[①]。这不仅阐明了新时代职业教育的使命和职责，为加快发展现代职业教育指明了方向，同时也对职业院校培养工匠人才提出了新的要求。2019 年，习近平总书记针对我国技能选手在第 45 届世界技能大赛中表现出色，作出重要指示，强调全社会要弘扬工匠精神，激励更多青年走上技能成才、技能报国之路。以上直接体现了我国对技能人才、工匠人才的重视，也从侧面体现了我国当前对技能人才、工匠人才的强烈渴求。国家领导人的重视推动全社会掀起了重视工匠、崇尚工匠的良好风尚。

二是工匠人才的政治地位和经济待遇不断提高。近年来，国家和各省市纷纷出台提高工匠人才政治地位和经济待遇的相关政策。2019 年，人力资源和社会保障部授予 560 名在第 45 届世界技能大赛全国选拔赛和在 2018 年中国技能大赛中取得优异成绩的选手"全国技术能手"荣誉，并颁发奖章、奖牌和荣誉证书。近年来，国家对世界技能大赛一二三等奖获奖选手及其相应团队分别给予 30 万元、18 万元、12 万元的重奖，并按有关规定由相应职业资格实施机构为其晋升高级技师（技师）职业资格，或按有关规定由相应职业技能等级认定机构为其晋升高级技师（技师）职业技能等级，极大地激发了广大技术技能人才工作的积极性。江苏、广东等省份还额外给予获奖选手个人 10 万～50 万元不等的现金奖励。2018 年，江苏省对第 44 届世界技能大赛中获得金牌的宋彪（工业机械装调项目）和蔡叶昭（烘焙项目）进行了高度表彰和奖励，包括直接晋升为高级技师职业资格、推荐为江苏省有突出贡献中青年专家、享受国务院政府特殊津贴人员，并分别授予"江苏大工匠"和"江苏工匠"的称号，同时颁发奖金和奖项，如"阿尔伯特维达大奖"和"江苏技能大奖"，以及 10 万元～50 万元的现金奖励。此外，王南石等 10 位获得首届江苏技能大奖的同志也获得了同样的表彰，并被授予了"江苏特级技能大师"的称号，享受省级劳动模范待遇。我们从以上这些案例中可以发现，工匠人才的政治地位和经济待遇得到了明显提高。

---

① 全国职业教育工作会议召开习近平作重要指示 [J]. 公安教育，2014（8）：1.

　　此外，不少省份的省委深化改革领导小组还专门把提升技能人才地位作为改革的重要任务，组织部门还将技能人才队伍建设列入人才工作考核的重要内容，将省级、国家级和世界技能大赛获奖者等优秀高技能人才纳入"人才绿卡"等优惠政策享受范围。

　　这些措施彰显了技能人才的政治地位与经济待遇，让技术工人从内心获得更多的荣誉感，激发其积极性，激励了广大优秀技术技能人才不断提升技艺、展示才华、为国争光、为经济和社会发展贡献力量的热情，在社会上产生了广泛而深远的影响。

第三章 工匠精神视域下高职院校的人才培养

本章为工匠精神视域下高职院校的人才培养，依次介绍了国外职业院校"工匠型"技能人才培养对我国的启示、工匠精神与我国高职院校技能型人才培养的耦合性、工匠精神对我国高职院校技能型人才培养的价值及保障三个方面的内容。

第一节　国外职业院校"工匠型"技能人才培养
对我国的启示

一、德国工匠精神及借鉴意义

（一）德国工匠精神的形成原因

1. 宗教改革与德国的哲学理性文化传统

德国人马丁·路德在 16 世纪推行的宗教改革，对欧洲来说是一次重要的启蒙，在与罗马教廷控制的神学世界的辩论中，新教力量从无到有，天职观成为激发人们世俗工作的积极动力。

比宗教改革更为重要的是，在对神学的思考与宗教的辩论过程中，德国人的理性被激发了出来。"从'德国启蒙哲学运动之父'托马修斯倡导的理性知识的运用到莱布尼兹创建的德国近代第一个'子论'形而上学体系，再从康德的批判哲学到古典哲学的最高成就黑格尔唯心辩证法和费尔巴哈唯物主义，无不体现了德国严谨、理性、思辨的哲学思维传统"[①]。以莱布尼兹为例，他用"单子论"解释自然界的规律，强调物质和精神、物质和运动的一致性，后被另一位启蒙哲学家沃尔夫继承并发扬，在本体论、宇宙论方面大大拓展了人们的思维，推动了科技文化在德国的传播，而沃尔夫哲学又深刻影响了康德和黑格尔，后两者又影响了马克思、恩格斯，他们在前人的基础上突破性地提出了辩证唯物主义和历史唯物主义哲学。一次次哲学思潮影响着德国人的思维以及生产实践，严谨、注重秩序成为德国的国民特性。

2. 行会组织以及行会学徒制

西欧不同于世界其他地区的是封建行会学徒制比较发达。12 世纪左右，欧洲封建城市手工业代替农村手工，并且产生了行会组织，直到 15 世纪末伴随

---

① 潘建红，杨利利. 德国工匠精神的历史形成与传承 [J]. 自然辩证法通讯，2018，40（12）：101–107.

封建制衰弱而走向衰落。一方面，行会是为了保护行业利益的手工业者自保团体，对外实行垄断，同时防止封建主的过度剥削，对内制定严格的技术标准和规章制度，维护行业声誉和存续。随着生产的发展，有些行会的规模变得相当大，甚至内部可以进行再分工，使得制造业的技艺因为深耕而发展，这些为德国工匠精神成为世界著名的匠人文化奠定了物质与技艺基础。另一方面，行会有比较严格的学徒制度。作为师傅的小生产者缴纳会费，成为行会的会员，一个行会就由本地区同一行业匠师构成。匠师有自己的作坊和生产工具，通常有帮工和学徒各二三人。在这样的团体里，内部完全是等级制的，学徒地位最低，继而是帮工，然后是匠师、行会下层管理人员，继而中层到高层。与中国师徒关系中的"父子式"亲情伦理关系不同，西方行会中师徒关系基本是契约制的，但在封建社会，等级制也比较明显，徒弟基本完全服从师傅，当然师傅也有义务教会他行业技艺和做人做事的道理。徒弟要在几年到十几年之间全流程地学会所有技艺，在正式成为师傅时还要进行考试。比如德国律伯克金饰匠行会就明确规定，工匠要成为师傅必须制造出三件"杰作"：首先是精工的戒指，然后是英国雕花式订婚手镯，最后是剑柄上用的烤蓝色的环。再由师傅组成的评审会批准后，还要举办宴会 ①。行会学徒制虽然是封建制的产物，但是它也有一定的积极意义。行会有统一的技艺标准和要求，这对行业是一种规范，在一定程度上养成了德国手工业者的规范和契约意识。如果说封建行会下的学徒、帮工甚至是匠师地位不高，不能正视自我劳动的价值，那么经过新教改革，他们的后继者逐渐认识到了职业劳作的价值，作为一个积极的手工业阶层开始形成，阶层自觉并不会废弃以往传统中形成的规范意识，只会更加重视职业伦理和专业精神。

3. 德国"双元制"教育的贡献

（1）"双元制"概述

德国资本主义出现之后，各地开始陆续建立专门的培训场所。一些原本只在星期日上课的学校改变了它们的功能，成为补习文化和技术技能的进修学校，

---

① 刘明翰. 世界史·中世纪史 [M]. 北京：人民出版社，1986.

而传统的行会开始衰落。随着时代的进步和技术的发展，对于职业的分工越来越明确，德国有了一部分具备职业教育性质的进修学校。这些学校在 1920 年被正式命名为"职业学校"。1938 年，《帝国义务教育法》将在职业学校接受教育的学徒纳入义务教育之中，这是法律上第一次承认企业和职业学校合办的办学模式。"双元制"是德国现代改造后的学徒制传统。在 1964 年，这种教育模式被正式命名为"双元制"。通过这种模式，德国成功地培养了许多具备专业技能和精神的人才。

德国"双元制"的"双元"指的是职业教育的两个主要参与方："一元"是企业，它们负责学生（实习生）的职业技能以及与之相关的专业知识培训；另外"一元"是公立职业学校，它们负责在学校里传授专业理论和通识文化知识。德国政府规定，学生在接受 9 年的初级教育后面临两个选择，要么选择职业学校，要么继续上普通高中。因此，德国双元制的主要办学层次相当于我国中等职业教育，受教育者是初中毕业学生，学制根据对应职业不同从两年到三年半不等。当然德国也有大学层次的双元制教育，即企业与应用类的科技大学的合作培养。学生有 70% 的教育时间是在企业，还有 30% 的时间在学校学习。学生毕业后，可以优先留在相应的企业继续工作，也可以自行寻找合适的工作，还可以继续升学，能做到让真正有志于从事企业制造的人安心从事喜欢的职业。双元制职业培训体制有效地借鉴和发展了中世纪以来的"学徒制"。"学徒"（实习生）在企业里跟着有经验的技师学习第一手应用技能，感受工作氛围，接受职业挑战，在不知不觉中接受工匠精神的培养。双元制职业培训体制不仅可以为企业输送技术人才，也为工匠精神的传承打下了良好的基础。

（2）"双元制"职业教育的内涵及表现

德国职业教育体系中的核心理念是"双元制"，意味着参与职业技能培训的人必须在两个不同的地方接受培训。第一种场所是职业学校，其主要职责是传授专业理论知识；第二种场所则是企业实训场所或基地，其主要职责是让学生接受与企业相关的技能实践培训。

德国的"双元制"职业技术教育在多个方面呈现出"双元制"，包括：教育主体、学员身份、教学内容、教师配备、教材使用、教育规程、资质考试和评定以及经费来源。具体而言，企业和职业学校分别承担不同的职责和任务，培养不同类型的学员。企业实训场所注重培养职业技能和经验，而职业学校则看重传授专业理论知识和其他文化知识。另外，实训教师和理论教师的配备和使用不同，教学计划和规程也各自有各自的重点部分。企业和职业学校最后通过技能考试和资格考试评定学员的学业成绩，颁发不同类型的证书。与此同时，企业和职业学校的教育培训经费来源也不同，体现了"双元制"。

4.政府立法与政策支持

德国工匠精神培育离不开立法与政策的支持，根据德勤有限公司（德勤全球）和美国竞争力委员会联合发布的《2016年全球制造业竞争力指数》，德国在法律监管环境方面居所有国家之首。以双元制教育为例，它就是从国家层面以法律形式明确规定并监督执行的职业教育制度，联邦政府颁布《联邦职业教育法》，规范双元制教育，对参与双元制教育的资质提出要求，并由行业协会监督其实施质量，而且还有分配和福利制度上的支持。由于德国受新教影响比较大，职业平等观念为绝大多数人所接受，所以德国的职业歧视比较少，再加上国家在立法上的支持，德国技术工人、工匠的收入与大学毕业生相差不大，甚至还要更高一些，福利上也几乎没有什么特别的差别，给工匠精神的滋养提供了稳定的土壤。

（二）德国工匠精神的表现

1.职业光荣与平等意识

基于以上的思想与历史传统，德国人的职业荣耀感和平等意识比较强。德国技术工人的地位比较高，德国"双元制"大学的负责人曾说，在待遇方面，德国技术人员按照级别和年限，与从事管理的人员或者政府公务人员的待遇没有明显的差别，有些高级工程师甚至收入更高。一切职业处于平等地位，不存在优劣之分，只是分工不同而已。每个努力工作的人都在尽自己的"天职"，做好自己手中的工作。

2. 强烈的质量意识

一个人口不足一亿、占地面积相当于两个广东省的国家，却有两千多个世界品牌。"德国制造"闻名于世，最根本的原因是什么？答案就是过硬的质量。对质量的追求与重视是德国工匠文化的硬核要素，这一要素内化为德国人的职业品格有一段曲折的历史。

虽然说中世纪行会是有质量规范要求的，它能一定程度上为某个区域范围内的商品质量提供一定的保证，但是若要在世界市场的竞争中站得住脚，笑到最后，行会的力量无疑不够。19世纪初，普鲁士统治者看到英国、法国经由第一次工业革命，其商品在世界各地迅速发展，也希望通过发展工业化来自强，实现国家真正的统一。

德国当时已是世界大学教育的中心，理论基础不差，德国人认识到质量之于立国重要性后，加强了科学理论与实践之间的转化创新。不久后，一流的科学家、工程师和技术工人的队伍渐渐形成，正是这支队伍领导了以内燃机和电气化为核心的第二次工业革命，用了短短几十年时间，使德国在军工、机械、电器、厨具等领域实现了世界性的飞跃。克虏伯、戴姆勒、西门子、大众等成为世界性的品牌，它们共有的特征是耐用，质量有保证。

那么德国人是如何做到让质量有保证的呢？以下几点已经渗透到德国人血液里：

第一，高质量的制造在任何时候都是德国的立国之本。重视工业化、重视制造业是德国在近一百年来，屡次遭遇挫折，又屡次重振的法宝。放眼全球，当世界其他大国大力发展虚拟经济，搞房地产时，德国人基本岿然不动。他们就是扎扎实实搞制造，重视每个生产细节，不被浮华遮蔽双眼。"标准、完美、精准、实用"文化特征给员工留下了深深的印象。

第二，尽量减少人为因素，制定严格的行业生产标准体系和流程化的管理体系。1917年，德国成立标准化组织——标准化行业协会，制定了细致的行业标准，这些标准很多可以再拆分再细化到可测量、可控制的程度，在产品质量的管理方面形成了一整套从事前到事后的管理程序。而且质量体系的检查也需要经过内部检查、外部独立机构检查、政府检验等多层监管，这看似刻板，但客观上加强了德国人的理性与严谨，将人为因素降到最低。

第三，不相信物美价廉，相信慢工出细活。在整个德国，共有 350 万余家企业，其中有 90% 左右均是家族企业，这些家族企业的前一百名，平均历史为 90 年。好的产品一定是好的工艺、好的材料、好的创意的结合，肯定需要付出很多研发投入或其他时间成本，其价格一定是不便宜的，过度追求价格低廉成不了真正的气候。

第四，潜心深耕，以小博大。德国人做事严谨低调，不喜张扬，在工业制造领域亦是如此，他们关注被大公司或行业巨头忽略的某些细分市场，很多德国企业在专业市场中拥有一席之地，但它们隐藏于热闹的制造市场之中，而不是经常占据媒体版面的重要位置，它们被称为"隐形冠军"。这些企业紧跟市场发展的脉动，默默无闻地在行业内深耕，可谓"大音希声、大象无形"，但就是它们成为德国制造业的重要力量。

第五，提供耐用、实用、便捷的产品是天职，利润最大化不是根本追求。

3. 坚持不懈的渐进式创新

早在 19 世纪中叶，德国人通过创新尝到了发展的甜头。以德国克虏伯工业帝国集团的缔造者阿尔弗雷德·克虏伯为例，在英国人能制造出全世界最好的钢材的情况下，他做了无数次失败的实验，在跌跌撞撞中造出了德国人引以为傲的高质量钢锭。在德皇和俾斯麦振兴德国、完成德国统一的雄心支持下，克虏伯的"隆隆战车"走上了快车道，积累了大量财富，客观上也带动了德国的科技热、钻研热。一个多世纪以来，无论是德国政府还是德国私营企业，均将创新摆在重要位置，并且政府会定期推出创新战略。

（三）德国工匠精神的借鉴意义

从德国工匠精神的成因与表现形式可以发现，德国工匠精神对于中国发展工匠精神、加强工匠精神培育是有借鉴意义的。首先，在顶层设计上，中国应该加强职业平等的宣传和教育，应该在政策制度和立法上为工匠的产生、发展和福利提供更多的支持和保障，让工匠更有尊严、更加体面地参与社会生产与劳动。其次，学习德国人对于质量的坚持，避免浮躁，避免追求大而全，而是要在细分领域深耕，要学习德国人的持续渐进式创新，这样才能够经得住时间的考验。最后，教育是德国工匠精神厚重的人力优势基础。中国可以适度借鉴德国"双元制"，依靠政府、企业、学校三方的合力，有针对性地发展职业教育，不仅可以为社会提供高素质的职业技术人才，而且有助于职业精神培育的早期渗透与浸润，这对工匠精神的养成具有重要影响，也特别有利于匠心的代际传承。

二、日本工匠精神及借鉴意义

（一）日本工匠精神的形成原因

1. 匠人文化

匠人文化是日本的传统文化，在日文中，"匠人"的写法是"职人"，故"匠人文化"也称"职人文化"，与之类似，日本的工匠精神也被称为"匠人精神"或"职人精神"。日本向来尊崇工匠，所以在社会的各行各业中涌现出了大量优秀的匠人。日本工匠认为，手艺的熟练程度、作品的质量关乎自身的人格和尊严。这份近乎自负的自尊心，促使日本工匠对自己的技艺要求甚为苛刻，他们在工作过程中总是不厌其烦、追求极致。日本的匠人精神体现了日本的造物文化，日本匠人是指在某个领域或某个产品制造方面具有精湛技艺和丰富经验的手工业者，因此，匠人慢慢地被引申为"在造物方面优秀的职人"[①]。所以，日本匠人又被尊称为大工、名家。日本的匠人文化可以用一个日本人自造的成语来诠释——"一所悬命"，意思是一生从一而终地尽力去做某一件事。这一文化理念深入日本人的骨髓，成为日本人的常识性理念。

2. 哲学思维

日本著名儒学家冈田武彦先生在他的著作中是这样论述的，他认为日本的文化是一种崇物文化，他还总结出"简素"和"崇物"这两个日本文化的特质。

---

① 张桂萍. 技进乎道 [D]. 深圳：深圳大学，2018.

例如，日本陶艺中蕴含的自然、质朴和淡雅就很好地体现了"简素"思想。在日本人看来，"物"并非单纯的物质，无论是生物还是非生物，都具有灵魂和情感。人若无物，便不复存在，因此，日本人对于"物"是充满崇敬和感激之情的。这种崇物的理念融入日本人的血液，也渗透到了日本人的生活当中。例如，在日本的城市里到处可见个性化的设计，餐馆不起眼的园林小品、街市中的小栅栏、住宅区里的小围墙等。这些看似不起眼的设计，体现着一个国家、一个社会的文化精神，可以说，日本的工匠精神根植于"简素"与"崇物"的文化中。

（二）日本工匠精神的当代传承

1. 工匠阶层的发展——传承的载体

日本的文化孕育了其工匠精神，但日本工匠精神诞生和发展的关键因素是其近代的工业化发展。工业化发展促进了社会和经济的快速发展，从而使工匠阶层发展壮大，工匠阶层的发展又为日本工匠精神的传承提供了坚实的载体。日本江户时代（又称德川时代）社会稳定、经济繁荣，各行各业慢慢发展起来，町人阶层逐渐成为城市居民的代表阶层，町人大多是商人，还有一部分是工匠或从事手工业的人。在日本近代，社会阶层等级分明，从高到低依次为将军、大名（控制着大量的土地，手下聚集着自己的武士）、武士、农民、手工业者（包括铁匠、陶工、木匠等各种工匠）和商人。武士阶层将手工业者和商人阶层统称为町人阶级，但日本官方的正统理学观念还是对这两个阶层做了明确的划分。这就说明，日本社会认可手工业者对社会所做的贡献，他们是城市建设、物质生产等社会运转过程中的重要力量。

随着日本社会与经济的发展，日本的工匠阶层得到了发展与壮大，其在经济发展中的作用也日益突显。明治维新时期，日本大力发展资本主义以实现工业化，通过引进国外的先进技术来促进本国的经济发展，与此同时，西方的先进思想也涌入日本，与日本传统的职业观念相融合，日本年轻一代工匠在努力工作、认真实践的同时，还要为实现工业化而奋斗。他们一方面通过各种渠道学习西方的先进知识，另一方面在传统匠人那里当学徒学习技艺，这一时期涌现了一大批技术人才和杰出工匠。日本在短短三年间工业生产增长了近6

倍，超过农业成为主导产业，日本工匠无论从数量上还是质量上都有了很大的进步①。

如今，日本匠人已经泛化为各行各业的职业人，行业内对其最高的称谓是"巨匠"，在日本人看来，"巨匠"无论从事哪种职业，都能够在本职工作中做到勤恳细致、敬业专注、尽善尽美，也正是这种精神促进了日本经济的发展。

2. 日本工匠精神传承模式——家庭培养

日本是世界上拥有长寿企业最多的国家之一，其中大多数长寿企业都是家族企业。在日本的工匠精神传承过程中，"家"是不容忽视的存在。在日本，受宗教信仰的影响，"家"和"业"都是神圣的存在，当"家"和"业"相连形成"家业"，"家"成为"业"的永续载体后，"家"则变得更为神圣，"家业"则被日本人认为是"天赐神业"。这就是日本人对"家"和"家业"最本质的观念，也是日本人赋予"家"和"家业"的深刻内涵。

日本有收养直系家族子女、非血缘养子、婿养子等习俗，这使日本的"家"超越了血缘的限制，"家业"成为永续的经营体。日本家族工匠技艺的传承是以贤为主的，接班人一般从5岁开始接受培养，从小耳濡目染并且亲身实践，且接班人的选择范围较大，其素质和能力就得到了保证。日本很多家族企业都传承了几百年之久，这种超越血缘限制的"家业"传承模式为培育工匠精神提供了最根本的支撑，并且这种模式得到了社会的认可与发扬。

3. 日本工匠精神传承模式——社会培养

除了家族传承模式之外，日本还有一种非常重要的工匠精神传承模式——社会培养模式，也就是职业教育培养模式。日本的职业教育体系由三大部分构成，即学校系统下的职业教育、企业系统下的职业教育和社会保障系统下的终身教育。无论哪一种职业教育，其定位都是一样的，即满足国家发展的需求，培养不同层次的高质量专业技术人才。

20世纪初，日本进入工业化进程关键期，需要大量技术技能人才，当时日本的职业教育以学校教育为主，设有实业学校、实业实习学校、徒弟学校、专

---

① 张桂萍. 技进乎道 [D]. 深圳：深圳大学，2018.

修学校、实业专科学校等，职业学校 500 多所，在校生 75000 人，为日本工业的崛起提供了技术人才支撑[1]。到了 20 世纪 80 年代，日本制定"技术立国"的经济发展新战略，职业教育适时调整，不断增强办学的灵活性，专业设置更加多元化，课程设置更具实践性和针对性，为社会发展提供了大量的专门人才。日本的职业教育是贯穿整个教育体系的，日本的小学和初中都开设相关课程，让学生从小了解职业理念和职业技能；高中则进行分流，分为普通高中、职业高中和综合高中；大学也有职业教育和短期大学。由此可以看出，日本的职业教育是比较系统的。

为了对接市场需求，日本的学校在专业、课程、教学管理模式等方面都与企业深度对接，从而极大地保证了职业教育的质量，促进了工匠精神的培育。同时，学生在校企合作的过程中，通过接触企业的先进技术和企业文化，能够提高其对企业的认同感、归属感和忠诚度。日本企业系统下的职业教育实行终身教育体制。在日本企业看来，企业员工的学习能力是企业长期发展的内在动力。此外，日本企业实行的人力资源管理制度是独具特色的"终身雇佣制"，这种稳固的雇佣关系能够激发企业员工对工作的热情与积极性，激发其对企业的认同感与忠诚度。实践证明，终身雇佣制对于日本工匠精神的培育及日本企业成为长寿企业，起到了至关重要的作用。

（三）以企业为基础的"三大系统"培育模式

1."三大系统"职业教育理念的提出

经历过第二次世界大战之后，日本为了能够在短时间内将自己国家的经济发展起来，开始研究德国的"双元制"这种职业教育模式，日本基于自己国家的国情，并与从德国学到的一些教育理念相互结合，就有了当今人们所知的"三大系统"职业教育模式。日本制造的成功离不开贯穿其中的"工匠精神"。制造的产品在质量上首先符合规定，并将对武士磨刀的追求精神也应用到生产产品上来，力争完美。这种精益求精的工匠精神在日本文化中得到了广泛的弘扬和传承。

---

[1] 张桂萍. 技进乎道 [D]. 深圳：深圳大学，2018.

在日本,职业教育主要包括三个系统,即学校教育体系下的职业教育、企业内的职业教育和社会系统下的终身教育。这三个系统虽然各有不同的目的和作用,但是相互补充,形成了一个完整的职业教育体系。在学校教育体系下的职业教育中,学生可以掌握相关的理论知识和实践技能,为步入社会做好准备;企业内的职业教育则为输送高素质人才和强化学校组织的机能奠定了基础;社会系统下的职业教育则更多是那些失业或者正处于过渡期的人们的一个福音,可以让他们进行一些上岗前的技能学习,以帮助他们重新就业。总之,日本十分注重职业教育的改革,也在这方面做了很大努力,十分珍惜人才。

2. "三大系统"职业教育的内涵与表现

日本的"三大系统"职业教育的主要特点是:第一,教育目标的实用性和适应性;第二,灵活的学制;第三,终身学习的教育理念。以上三个特点,都在政府的运作下产生,并强调根据法律去治理教育和产学相结合,这样做的目的主要是想要课程以及教育的形式变得更加丰富。

职业技术教育在日本主要有三个层次:初等职业教育、中等职业教育和高等职业教育。初等职业教育着重培养学生的基本素质,以便进行更高层次的职业教育。中等职业教育则主要是普通高中、职业高中和综合高中,其中普通高中、综合高中两者都会有职业教育课程方便学生根据自己的情况去做选择。占据日本职业技术教育重要地位的职业高中,主要是招收一些初中的毕业学生,进而实现初级技工的转化。高等职业教育主要包括高等专门学校、短期大学和专修学校,它的主要目的是能够为工业培养更多的实践技术的工作者。短期大学主要面向群体是高中毕业生(也包括同等学历资格的一些人),他们的在校时间是2~3年。而专修学校希望能够增强学生毕业的就业率,以及能够增加在实践过程中用到的知识,学习和技能两者同时进步,在校时间是1~3年之间。

在企业之中,职业技术教育是一种针对新员工的教育,主要是为了增加实际生活中的生存能力,包括理论知识和实际技能的培训。而社会系统下的职业教育被称为公共职业训练,其目的在于为寻求就业或转换职业的人提供各种基础技能培训,包括素质培养、技能提升、再培训、残障人士培训和指导员培训等。

3. "三大系统"职业教育的课程体系

日本的"三大系统"职业教育课程体系注重理论和实践的高度结合，以专业知识为核心，强调实训课程的学时比例必须达到总学时的 2/3，旨在培养学生的实际技能，提高学生的综合素质。日本对职业学校教师的要求很高，教师不仅要有相当丰富的专业基础知识，还应该有相适应的教学方法，扎实的实践功底等全方位的能力与素养。所以说，不仅要开设基本的专业课程、技能课程，而且应该开设教育类的课程。

（四）日本工匠精神的借鉴意义

中国是一个有着 5000 年光辉文明史的国家，在这几千年里，中国的手工业者曾经创造过一个又一个奇迹，一轮又一轮辉煌。造纸术、印刷术、指南针、火药，四大发明里蕴含着中国人的智慧；陶器、瓷器、漆器、青铜器、铁器等各类器具既承载着历史，又记录着中国工艺的创造性理念和能力；兵马俑、丝绸、故宫都从古代走来，但又在现代熠熠生辉，它们都是中国杰出匠人的精工制造。传统制造中汲取精华，我们更应重视传统匠人和传统工艺。中国人应该自信地向老祖宗学习，将传统工匠技道合一的修行继承下来，在现代商业文明中保持一定的定力。

三、瑞士工匠精神以及借鉴意义

（一）瑞士工匠精神的形成原因

1. 有力的法律保障和大量的资金投入

瑞士的职业教育管理模式是联邦和州政府共同管理，其中联邦政府的职责是根据国家的职业教育需求来制定政策和计划，并设立职业教育与技术办公室来专门管理职业教育，而每个州的政府同样创设了与之相似的一些职业教育或者技术的办公区域，主要承担监督的职责。这种分工明确、工作有序的管理机制，让瑞士的职业教育有了全方位的发展及有效地提高。从管理机构的设置上，可以看出瑞士对于职业教育的重视程度。

20世纪30年代，瑞士联邦政府正式颁布了第一部联邦职业教育法。2004年，瑞士新职业教育法颁布。这次颁布的法规主要内容涉及重新对政府和企业职责、从业人员资格等作出规定。从这之后，瑞士的职业教育便有了行政法律作为自己的后盾。在上面的法规中还提到，让小学二年级的学生上多种多样的手工课，从小养成劳动的好习惯；规定初中二年级的学生应该接受相对系统性的职业指导。由此可见，瑞士自20世纪30年代起，就开始注重职业教育的发展，并在2004年颁布了新的职业教育法。该法成为瑞士职业教育坚强的法律后盾。

瑞士不仅仅为职业教育提供了强有力的法律保障，而且提供了强大的资金支持。新职业教育法规定，联邦政府、州政府和行业组织是瑞士职业教育资金的三大主要来源。

2. "三元制"人才培养模式

瑞士重视教育，尤其是职业教育，这被人们看作最出彩的部分。瑞士人认为，技能才是最重要的，甚至超过了学历，因此，职业教育不是学习不好的人被迫做的选择，反而是这个国家非常重要的一部分。

瑞士每年有三分之二的初中毕业生选择进入职业学校读书，之后开始工作。瑞士在人才培养方面的投入很大，他们觉得人才培养是教育的重中之重，因此投入了大量的人力资源，还有丰富的物力和相当大的财力。经过研究调查发现，他们在教育方面付出的经费总额，是全国行政费用支出的五分之一。企业也深度参与职业培训，很多大企业都设有培训中心，定期培训员工，更新员工的专业知识，提升员工的专业技能。瑞士的职业教育采用企业、职业院校和行业培训中心"三元制"人才培养模式，学生每周有一至两天的时间在职业院校学习，另有三到四天在企业担任学徒，学生不仅可以在学校学习理论知识，还能够在企业的岗位上学习相应的技能知识，对于企业来说，提前培养学徒的岗位技能，有利于学生毕业后快速进入工作状态。这直接为企业提供了大量熟练的技术工人，而熟练的技术工人又为企业生产高品质的产品提供了有力的保障。

3. 尊重工匠的社会氛围

良好的社会氛围是工匠精神和工匠技艺得以传承的必要土壤。瑞士联邦政府高度重视职业教育，并颁布配套法律法规和财政支持政策。瑞士家庭在子女的教育与择业问题上，通常也采取尊重的态度。他们认为，只要孩子爱钻研、积极上进、热爱生活、爱岗敬业，将自己的本职工作做好，就能成为行业精英。家长们普遍认为，社会需要各行各业的精英，行业与行业之间是平等的。瑞士企业乐意为职业学校培养学徒，并且企业以培养学徒为荣。瑞士人从小就被灌输一种理念——"一个健全的人必须掌握一门技能，并获得一份工作"。从国家到家庭，从企业到个人，都尊崇劳动、注重技能、尊重工匠的理念文化，正是这样和谐的社会氛围，给瑞士工匠精神培育与传承提供了良好的土壤，从而让瑞士的人才培养、精品制造在世界舞台上开花。

4. 资源整合的能力

辉煌成就的背后必定少不了一段艰辛的岁月，瑞士制造也不例外。瑞士人凭借锲而不舍的韧劲、敏锐的观察力和丰富的创造力，在面临"石英危机"时，拒绝随波逐流，而是选择沉淀自己、自我反思、整合资源、另辟蹊径，将钻石、陶瓷、橡胶、金属等资源进行整合，制成精美的艺术作品，从而渡过危机。虽然花费 20 多年的时间进行转型升级，但从未想过放弃，这足以体现一个民族执着坚守、勇敢面对的高贵精神品质。

瑞士的国土面积仅有 4 万多平方公里，使得瑞士只能走精品制造的发展道路。这就要求工人在生产过程中要珍惜资源、物尽其用、创新发展，不断提高资源利用率，同时还要提高产品的性价比，以增加产品的竞争优势。这就对工人的技艺娴熟度和创新能力提出了更高的要求，敏锐的观察力、丰富的创造力、资源的整合力构成了工匠的匠人品质和工匠精神。

5. 信誉品质的传承

在世界 500 强企业中，瑞士有十余家企业上榜，其中，像嘉能可、雀巢、瑞银等更是拥有影响全球市场的能力。瑞士在工业制造、医药、金融、零售等行业中都有知名企业。

一个领土面积不足 5 万平方公里、人口不足 1000 万的国家，为什么能拥有十余家世界 500 强企业，而且这些企业大多是拥有百年以上历史的世界知名公司呢? 这和瑞士企业高度注重产品质量和价值的企业文化有关, 瑞士企业的道德水准和职业水准都很高, 只要是瑞士制造, 就代表着消费者可以信赖的卓越品质。在瑞士企业的眼里品质永远是第一位的, 它们相信价格贵的品质才好, 不会相信有品质好价格也美丽的产品。不必说, 利润是所有厂家和企业都看重的, 瑞士的企业也不例外, 但是他们不是将利润作为唯一的要求, 更多的是以更长远的眼光来分配利润。他们在保留合理的利润的同时, 将部分利润投入到产品的质量提升和服务完善上, 对产品的精益求精、对服务的尽善尽美, 正是瑞士产品享誉全球、瑞士工匠精神得以形成的关键所在。

(二) 瑞士工匠精神的启示

1. 营造专注的社会环境

工匠是一种职业, 当人们选择从事某种职业时, 其主要考虑的因素应该是这个职业的待遇、发展空间和人生价值的实现。因此, 培育大国工匠, 除了关注精神层面外, 职业的收入状况、晋升制度、社会保障等也是重点考虑因素。良好的经济收入是瑞士工匠能如此专注于自己技艺的原因之一, 只有让每一个工人都在舒适的环境中工作、拥有较好的生活的条件, 减少工人的忧虑感, 才能使他们更安心、更专注地对待工作。同时, 要让每一种职业都有人生出彩的机会, 给予行业内的优秀工匠表彰与宣传, 让其感受实现自身价值的成就感, 让年轻的工匠有更强的行业认同感和从业荣誉感。

2. 形成尊重劳动的价值取向

工匠精神的养成与社会的价值观念和文化氛围有着密切的联系, 这充分表现在四个崇尚上。一是崇尚劳动, 应该尊重生产一线的劳动者及其劳动, 这一点最基本, 也最必要; 二是崇尚技能, 要让技能人才有较高的社会地位、较好的收入和发展空间; 三是崇尚创新, 在执着坚守的同时进行创新, 只有创新, 才能有源源不断的发展动力, 创新是工匠精神的关键; 四是崇尚 "十年磨一剑" 的理念, 高水准的产品和高质量的服务是需要时间来沉淀的, 要引导人们摆脱 "短平快" 的思想, 戒骄戒躁, 树立专注专业、专注技艺、踏实兴业的理念。

3.完落实严格的企业失德惩罚机制

瑞士人遵守企业道德,他们将产品的质量看得非常重。在瑞士,往往有许多专注于某个领域或某个产品的"小公司",或者花费大量时间专注于出精品的"慢公司",但极少出现"差公司",更别提"假公司"了。这一良好现象的形成,有政府的法律威慑、行业组织的老规矩限制、企业的文化引导、民族的精神影响及个人的道德约束等多方面的原因,而且,工匠精神的形成也离不开这些方面的影响。客观事实决定主观意识,在这些影响因素中,最客观的是政府的法律威慑,政府通过有效的法律法规对企业失德、失信等采取零容忍的态度,使生产制造高质量产品成为企业的普遍选择。同时,政府加强对国家强制性标准执行情况的监督检查,加大对制作、销售假冒伪劣产品的打击力度,加强行业协会、商会制度建设,引导企业专注产品质量,并注重工匠精神的培育。

第二节　工匠精神与我国高职院校技能型人才培养的耦合性

大国工匠精神对推动社会经济产业结构升级具有十分重要的作用,我国为了能够快速地完成现代化职业教育,制定了一系列方针政策。我们必须关注高职院校技能型人才的培养问题,将"大国工匠精神"这一优秀基因融入高职院校技能型人才培养的代际传承中。

一、价值取向的一致性

(一)价值主张

当人们在众多的矛盾以及冲突的面前,就会展现不同价值立场,并表现出不同的价值态度,这也被人们称之为价值取向,它建立在个体的价值观念认知基础上,其特点主要表现为具有定性引导、激励和实践。关于每个人具体的价值观念的内容,人们又称之为价值主张,其主要来源于自身所具有的价值理念以及价值意识，具体主要展现为个性、道德等各种不同方面。

大国工匠精神的价值主张可以从以下三个方面进行分析：

首先，在职业道德的立场进行分析，它推崇热爱自己岗位、敬爱自己的职业、支持职业传承、承担国家大业的职业道德品质。

其次，在技术技能的立场进行分析，它强调工人拥有扎实的专业技能及实践能力，并能够不止于纸上谈兵，应该理论与实践相互结合，具备不断学习的毅力和攻坚克难的决心，并敢为人先。

最后，在个性特征的立场进行分析，它要求工人能受得住艰难困苦的环境，力求完美，寻找职业满足感，并实现自我的人生价值。

一个国家的兴盛与是否具备高素质的技能型人才具有十分紧密的关系。国家应该注重高职院校与市场两者之间的关系，强调高职院校应与市场需求紧密结合，积极开设符合市场发展的技能专业，以培养适应市场需求的技能型人才。技能型人才的综合职业素养是高职院校技能型人才培养价值的核心，其中包括职业道德素养和职业技能素养。以职业道德素养为切入点，强调培养技能型人才的卓越职业道德，高职院校注重职业道德培养，鼓励技能型人才具备爱岗敬业、传承意识、大国担当等全面素质。怎样才算得上一名真正的大国工匠？那应该是十分热爱自身工作的行业中的佼佼者。每一位合格的工人都具备爱岗敬业的职业素养，只有加强技能型人才的职业道德素养，才能为建设现代化强国提供高素质的后备力量。就职业技能素养而言，高职院校注重培养技能型学生的学习态度，提升他们在技能专业素养方面的能力，加强技能培训是对技术技能水平的认可。高职院校还应注重培养学生的个人特质，如吃苦耐劳和追求卓越，这是高校人才必备的品质。在培养技能型人才的过程中，高职院校还应重视培养岗位人才精神，提高学生的职业满意度和个人价值。综上所述，高职院校的技能型人才培养与"大国工匠精神"的价值主张在内容上是相符的。

（二）价值传递

为了让高素质技能型人才可以接触而且继承大国工匠精神所包含的具体价值观念，重要的是创造出适宜的学习环境。价值传递是在大国工匠精神和高职院校技能型人才培养的价值内涵的基础上进一步发展的过程和方法，是深入研究大国工匠精神与高职院校技能型人才培养的紧密联系的必然过程。通过价值传递的过程，我们能够更深入地了解大国工匠精神的价值取向，从工作中学习技能知识和经验，并逐渐掌握大国工匠精神的价值观念。

大国工匠文化是一种重要的职业精神价值观念，可以通过高职院校的技能型人才培养来具体体现和传承。这种文化蕴含着许多价值观念、技术技能、经验总结、创新思维和行为方式，可以融入校园文化发展的过程中。因此，在高校中应该注重传递和弘扬大国工匠精神的价值观念，将其内化为校园职业精神文化的一部分，并将其渗透到专业课程的学习和校园文化的建设当中。通过这种方式，可以营造出符合技能型人才发展的校园氛围，并培养出具有爱岗敬业、大国担当的高素质技能型人才，以促进社会经济的转型升级发展，履行高校的社会责任。

（三）价值实现

价值实现是价值观的外在表现形式，是个人对自己价值的最直接追求，体现在外界对个体的评价上，其社会认可程度很高。高职院校的技能型人才培养，是大国工匠价值观的外在体现，直接表现为社会技能型人才的成长目标和结果，深受社会认可。高职院校所培养的熟练技能型人才是国家所需要的中坚力量，大量培养的技能型人才是国家繁荣发展的主要推动力，为经济转型升级作出积极的贡献。

社会经济的发展质量表现在优质产品和服务上，应该有相当优秀的技能型人才作为支撑。大国工匠精神的价值观符合人才培养的条件，社会相对缺少优秀的技能型人才，但是高职院校针对优秀的技能型人才的培养正好解决了这一问题，这对我国产业的提高以及中国制造的转型都具有十分重要的影响。

技能型人才实现自身价值的重要表现内容有哪些？其中就包括道德理念及高超技能的展示。优秀的品德与高超的技能均是工匠精神的重要表现。技能型人才的培养将对社会经济的发展和行业的进步具有推进作用，要想实现经济的转型，还需要有大国工匠精神加持，其中技能型人才的价值实现将激发社会人才的强大凝聚力和向心力。高职院校必须适应社会经济发展需求，将大国工匠精神融入人才培养中去，为社会输送高质量的技能人才，将大国工匠精神进行传承和发展，将中华民族优秀文化作为基础，为实现中国制造转型给予技能人才保障。

二、时代诉求的一致性

（一）战略的需要

中国制造业强国战略把制造业视为国家的立身之本。如果想从"中国制造"向"中国创造"迈进，就一定要将人才强国战略做好，落实到位，尽快对专业的技能型人才进行培养，打造一支既拥有好的服务又拥有好的品质的人才队伍，进而加快推进制造业强国战略目标的实现，在现代社会，应该将"大国工匠精神"作为引导，进行技能型人才的培养。

社会经济不断地进行完善和转型，随之而来的就是消费者也更注重使用产品的有效性、创新性和服务的高效性、便捷性，也就对技能型人才有了更严格的要求，所以，高职院校需要培养符合现代社会发展需要的高素质技能型人才，并注重强化他们的大国工匠精神，传承和弘扬这种文化。

（二）现实的需求

产业结构升级的过程中十分看重大国工匠精神，为了适应供给侧结构的改革，在学生学习过程中应该加入现代化职业教育的相关内容。

为了满足大国工匠精神与高职院校技能型人才培养的现实需求，高职院校技能型人才应该有效地就业。

大国工匠精神与高职院校技能型人才的融合是当今时代所需。高职院校需要关注大国工匠精神的价值观与职业理念，并将就业看作技能型人才最后的落脚。在高校教育过程中需要着重培育学生就业的相关知识，为他们提前做好职业的未来规划，技能型人才在掌握专业的基础理论知识的同时，还应该熟练把握实践的工作部分，以此在社会中站稳脚步。这些技能型人才的就业，为社会减少了岗位的缺口，为自己未来的职场进步与发展做了充足的准备工作。企业在招聘人员的过程中，不仅看重面试者的职业技能，还看重面试者的职业道德与对待这份工作的态度。从以上内容来看，在寻找工作取得职位时，求职者的职业素养就显得十分重要。企业需要员工热爱自己的岗位，拥有扎实的专业知识，以及优秀的品德。所以说，高职院校在进行技能型人才培养的时候，应该与大国工匠精神相结合，为中国制造的升级贡献人才力量。

（三）精神标杆

样板也就是标杆，主要是用来比喻学习中的榜样。精神标杆指的是随着时代的进步与发展，人们将其看作精神榜样的东西，也就是大国工匠精神，同时也是高职院校中培养技能型人才的精神旗帜。

高职院校在培养技能型人才的过程中应重视大国工匠精神的作用，融入技能训练学习过程中，并且用实践培训影响学生的生活实践。高校应引领技能型人才对大国工匠精神心怀敬畏，帮助他们树立正确的职业价值观，提升职业精神，使其成为职业道路上的良知与道义典范。技能型人才的培育途径主要是高职院校，同时应该在教授学生学习的过程中将大国工匠精神作为引导。学生应当受到大国工匠精神的熏陶，从而树立正确的职业价值观，成为职业素养完备的人才。作为大国工匠精神的承载者，技能型学生应以大国工匠为榜样，注重细节，力求精益求精，追求卓越的大国工匠精神。通过认真学习专业知识与技能实践，高职院校的技能型人才要以出色的成绩完成学业，成为合格的大国工匠预备军。

三、实践路径的一致性

（一）着力点

大国工匠精神和技能型人才培养两者具有相同的着重点，那就是技能型人才的教育和教学。人们可以从教师或者学生的方向进行考虑，搭建具有非常好的质量和十分合理的结构体系，培养技能型人才，在这个过程中主要有两个主体——教师和学生。

院校首先应该打造一个双师型的技能教师队伍，这些教师不仅要有高超的技能水平，还应该拥有崇高的职业理想和道德标准，以及弘扬大国工匠精神的价值观。他们要在整个技能型人才培养过程中起到引领和影响学生个人发展的作用。同时，技能教师还应该注重提升自身的职业素养和技能实践能力，加强与企业的合作，将理论知识应用于实践中，提高教学水平。

以学生的视角来看，要想实现学生自身的价值，职业精神在其中占据了十分重要的地位。要想提升自身能力以及技能技术的工作能力，就不能继续被动地学习，应该调动自身的积极性，努力提高自身的专业技能和实践动手的能力。学生需要吃得了苦，耐得住寂寞，不怕困难，奋进向前，追求完美。院校的教育教学实践应该符合两者之间的一致性。

（二）关键点

在高职院校技能型人才的培养中，将大国工匠精神与实践教育相结合是关键。通过生产实践，可以深入贯彻大国工匠价值观，培养学生的实践能力和职业素养。

技能型人才的实践教育是培养大国工匠精神不可或缺的一环。大国工匠精神强调磨炼耐力和意志品质，要求技能人才熟练掌握专业技能，具备创新能力和社会责任感，并尽量将工作做到完美。所以说，将大国工匠精神作为引导，可以对人们产生非常积极的影响，让院校将职业道德教育放在重要部分，从而提高学生的动手的能力，推进社会的发展以及行业的进步。总的来说，高职院校在培养技能型人才的时候应该将大国工匠精神融入其中。

锻炼学生的实践能力，培养实践素质也是人才培养和大国工匠精神过程的重中之重。所以说，从两者的综合素质培养实践路径分析其相关性：第一，高职院校十分看重学生的实践意识和职业适应能力的培养，将大国工匠精神的核心要素纳入实训内容，以满足岗位需求。第二，在学生的技能水平、学生的技能个性以及职业道德方面全部加以重视，加快推动动手实践的教育工作。第三，现代学徒制可以说是培养顶级的工匠、培育大国工匠精神的实践载体。跟随时代进步的步伐，积极摸索合适的学徒制发展制度，在办学模式中引入市场，进行实践课程过程中结合社会需求以及社会上岗位情况，为社会输送更多的高素质技能人才。总的来说，培养技能型人才和培育大国工匠精神两者都与实践有着密切关系。

（三）突破点

高职院校要将职业道德教育和创新创造技能结合起来，探讨大国工匠精神与技能型人才培养的发展的办法。高职院校不仅十分关注技能型人才的创新能力，还十分关心其职业道德的教育工作。在进行职业道德教育的过程中，高职院校需要将大国工匠精神融入其中，让学生养成认真负责、热爱岗位、具有责任心的观念，将创新创造作为大国工匠精神的一个重要部分，养成创新思维。在实践组织活动中增强动手能力，就成为两者共同的聚焦点，不仅能够让社会更加重视职业道德素养，还能够将创新精神进行发扬，对于推动中国制造业的创新进步，提高其综合实力和国际地位具有重要的作用。

在培养高职院校技能型人才中，大国工匠精神和职业道德的培养与创新能力是紧密相关的。职业道德教育是必不可少的一项素质教育工作，也是人才培养的重要部分，注重学生的创造能力的培养，并将其作为今后发展的核心部分。针对自身来说，创造能力和创新能力是社会进步与发展的重要力量。大国工匠精神就是以创新作为核心，创新必将会推动社会的发展，促进社会结构发生转变。因此，通过深化大国工匠精神的价值，将创新作为突破口，促进高职院校技能型人才培养的发展，改进实践教育的方法，并进行教育模式的完善，跟随时代的脚步，培养更多的技能型人才。

第三节　工匠精神对我国高职院校技能型人才培养的价值及保障

当前，我们正处在非常重要的历史时期，大国工匠精神十分符合现在社会的发展主题，同时也是我们的必然选择。

一、工匠精神对高职院校技能型人才培养的价值导向

（一）培养技能型人才正确的职业价值观

职业价值观是对于职业生活和工作发展的内在态度和评判标准。它受到个人主观因素、择业观念的影响，是对职业教育的认知程度、价值判断和职业态度的表现。当选择工作时，一个良好的职业价值观主要表现在对于工作的认知程度、价值的判断或者规划等方面。良好的职业价值观基于平等的职业观，会产生职业满足的效果。

个人的职业价值观是指对职业生涯、工作发展和教育的内在态度和评判标准。它会受到主观方面一些因素，或者是自身的一些职业方面的不同理念等的影响。一个良好的职业价值观主要表现为工人自身对于这份职业的认知、价值的判断、职业的规划以及职业倾向的形成。职业平等观是建立正确职业价值观的基础，正确的职业价值观可以带来职业满足感。

在培养技能型人才时，高校应该秉持着大国工匠精神所蕴含的正确职业价值观，强调职业平等观对于技能型人才培养的导向作用。职业平等的目标是个人职业实践的总结，是工人自身职业价值观的一个集中表现。高校应该灌输职业不分高低贵贱的价值观，为学生传输职业平等的理念，加深他们对于自己所从事的行业的认知程度，帮助他们为自己未来做出职业的规划。与此同时，在做好自身基本工作的同时，社会和国家积极引导人们更加的精益求精，追求完美。不管哪个行业都会有优秀的领军人物，高职院校应该引导技能型学生树立职业平等的意识，深入认识自己的职业目标，并制定符合职业平等理念的职业规划，为技能型人才培养创造更多职业平等的发展机会。大国工匠所体现的职业满足感源于学生个人对自己专业和职位的了解与认同，是实现自身价值的表现。职业满足感可以让工人精准地了解自己的工作岗位，并加以认同，增强工作的信心与乐趣，让他们拥有更多的归属感，进而乐于去奉献、乐于去创造，同时，让自己的内心感到满足。

高职院校应该注重技能型人才的职业满意度，强调大国工匠精神所倡导的价值观，并能够推动院校的进步。为学生树立正确的职业观念是院校的责任，

帮助他们作出准确的职业选择和判断，发展专业技能和进行职业规划，提高毕业生进入社会之后的职业竞争力，让他们更加认同自己所从事的职业，并且为自己的职业感到幸福与快乐，非常乐观地看待就业和工作，发挥自己的作用，增加自身的价值。通过这种方法，院校才能够为社会输送一批又一批的高素质技能型人才。

（二）提升技能型人才的工匠道德品质

在价值观体系的构成中，道德品质可以说是十分重要的一部分，同时也对我们每个人价值观念的形成起到了很大的作用。工匠作为职业群体，其道德品质价值观主要包括道德认知、道德选择和道德行为等方面。在研究工匠道德品质价值观时，需要特别关注大国工匠精神和职业道德素养对其认知、选择和行为的影响。

大国工匠精神所强调的道德品质价值观是职业道德认同的重要组成部分。职业道德认知是大国工匠精神职业道德精神内涵的核心内容，包括工匠的道德认知、选择和行为。其中，爱岗敬业是职业道德的核心要素之一，"有所为有所不为"，工匠需要将其作为自身职业的原则，要对产品负责，努力追求完美，以及好的品质。另外，大国工匠精神还十分看重国家和集体的利益关系，体现了一种大国的担当。工作中的每个人都应该自觉地承担历史赋予我们的使命，并能挑起身上的重担。

高职院校需要注重培养技能型人才的职业道德品质价值观，深化职业道德内容的学习和发展，以培养具有工匠道德品质价值观的人才。职业道德品质价值观强调责任担当的培养，高职院校技能人才应当承担起职业责任，注重工作中的品质和团队合作精神，关注生命安全和产品质量，以促进技能型人才的成长和发展。高职院校技能型学生的道德观念同社会发展的水平具有十分紧密的关联，应该把民族的兴盛衰败和技能型人才相关联，所以说，我们应该更加注重职业的责任和社会赋予我们的历史使命。加强学生的职业道德，有助于高素质技能型人才的培养，让社会主体的进步与发展更加协调，同时加快促进社会的进步。院校需要多加关注技能型人才的道德的养成与培育，打造具有高素质道德品质价值观的技能型学生团队，通过改变或者增加道德培育的一系列方法，来培养具有大国工匠精神且能为社会作出贡献的全方位的技能人才。

（三）培养技能型人才的创新精神

创新价值观是一种思想意识和价值理念，它指导技能型人才在拥有过硬的技术基础的同时，通过不断积累经验、思考、总结和创新，不断推动技术革新与创新。在社会经济的发展中，创新发挥着至关重要的作用，因此，技能型人才需要在实践中不断运用创新思维、创新能力、批判性思维和创新行为，以促进技能型人才的进一步发展。

技能型人才的创新能力主要由基础能力和差异性能力两部分组成。前者强调学习和知识运用能力，以及社交和心理调节能力对于实际应用创新精神的重要性；后者注重技能型人才的独立创新和批判思维能力，以及适应职业变化并掌握组织和信息处理的能力。培养技能型人才的创新精神和价值观应该以专业技能为基础，以提高创新能力为目标，促进技能型人才的创新能力的发展和提高。

所以说，高职院校需要以专业技能创新精神为核心，引导技能型学生将技艺、思考与情感相融合，在反思与领悟中发挥技能团队的创新能力。此外，高职院校应该结合本校地方特色，将创新价值观与技能型人才培养方案相结合，注重创新精神的培养，并为社会转型培养技术技能人才。高职院校需要全面推进技能创新教育，加强实践创新的课程比例，加快教学教材的更新，通过校企合作培养人才，打造创新型教师队伍，培养高职院校技能型人才的创新创业能力。只有高职院校注重发展创新职业价值观，才能更好地培养符合市场需求的综合性技能型人才，培养出勇于面对困难、具备强大抗风险能力、富有创新创业精神的高素质技能人才。

二、工匠精神对高职院校技能型人才培养的实现保障

（一）营造良好的环境

高职院校技能型人才培养需要支持大国工匠精神的价值导向，并优化技能

型人才的获得感环境。这一环境包括硬环境和软环境两个方面。硬环境是指政府、民间协会、组织机构和企业等外部主体对技能型人才培养的影响，而软环境则指高职院校在技能学生人才培养过程中的实践教学和校园文化的主流方向。营造这样一个支持大国工匠精神的环境，可以更好地保障技能型人才的获得感，提升其专业技能和实践能力。

要在中国共产党的全面领导下，政府建立健全现代职业教育体系，实现国家职业教育制度框架的完善，推进学历教育与技能培训并重的人才培养体系的建设。政府应该重视职业教育的发展，制定与之有关的政策或者是标准，将部门的职责进行明确，从整体上做好规划，尽快出台与实施技能型人才社会保障的政策，让职工们的福利和待遇进一步提升，进而提升技能型人才对社会的贡献力。

民间协会在职业技能证书考核标准制定中拥有非常高的位置，他们可以更好地了解市场需求和行业发展趋势，让技术技能型人才获得更广泛的社会认可。相关组织可以组织举办权威性技术技能大赛，提高高职院校技能型人才职业证书的含金量，促进技能型人才的职业发展和市场竞争力的提高。通过民间协会的支持和推动，技能型人才的职业地位和社会影响力可以得到更大的提升。高校要通过多种途径总结和宣传优秀的案例，以弘扬大国工匠文化，培养具有大国工匠精神的技能型人才，促进大国工匠精神的传承和发展。企业作为技能型人才的实训基地，应该处理好与高校的关系，尽快推进技能型人才培养基础建设的实行。企业应该为院校安排高级技能人员当教师，方便在学生的整个过程中进行技能培养，不仅让企业中高级技术技能人才拥有了决策与参与权，还可以相应地提升社会地位，进而促进产教融合和校企双向培养。

软环境的发展是指高职院校中课程文化的建设，它是课程上的一种精神文化。想要培养好技能型人才，就必须做好课程实训，因此，实训环境的好坏也至关重要。校内实训和校外实训均属于实训的课程，在实训课程过程中，环境和教师等各种因素都会影响课程实训的结果。在课程过程中，院校应该将创新、实践、认真、负责、勤奋的精神文化融入其中。在实践技能培训领域，高职院校需要做好规章制度的建设以及利益的分配工作，只有在双方互惠共赢的情况之下，才能进一步加快培育技能型人才的脚步。

（二）重塑高职院校技能人才培养方案

高职院校技能人才培养方案是技能人才培养和质量评价的重要基础。随着国家教学标准的不断改变，高职院校需要与时俱进，重新设计以大国工匠精神为核心的技能人才培养方案，以此跟上时代的步伐。

高职院校对技能专业人才培养方案进行重塑的重点，主要有两点：首先是针对制定专业教学的标准进行规定，其次是全方位地加强技能人才培养。根据院校当地的企业以及就业环境，以及该院校中的特色学科和制定人才培养的方案，复合型技术型人才不仅应该拥有职业道德素养，而且应该有扎实的基础专业技能等多种品质。在方案制定过程中，高校应坚持以育人为本的原则，不止步于学习理论知识，同时善于将理论知识应用到生活实践中来，培养职业道德，学习大国工匠精神，为社会发展提供更多复合型的技能人才。

院校如果想要重新制定技能型人才的培养方案，必须明确培养目标，以技能型学生的思想为出发点，注重大国工匠精神的核心价值观，特别是工匠必须具备的大国担当，将其融入培养目标中。同时，院校需要对学生增强思想政治方面的教育，增强学生的爱国精神，培养学生的职业道德素养，并将其融入教学、教材和管理体系中，贯穿整个教育过程。培养目标应该对技能型学生的知识、能力、素质作出清晰明确的要求，可根据高职院校的实际情况进行调整，也可重点发展某个技能领域。高职院校还需要清晰界定不同类型技能人才的培养目标，以此指导职业教育发展改革实践的教育教学理念。技能型人才的培养目标包括技能人才的能力素质、教师素质的培养、课程设置、良好的支持系统与适用环境。另外，大国工匠精神要素主要包括职业道德特征、技术技能特征和个性特征，我们应该十分确定技能人才培养目标的关键要素与大国工匠精神要素的内在联系。

首先，高职院校应根据自身实际情况，注重培养目标学生的能力素质，尤其是技能型学生的动手能力和技能水平，还有学习以及创新的能力。这些基本能力对于不同专业的学生来说，可能需要有所变化。因此，高职院校需要十分看重教师的整体素养，言传身教，作为学生学习的榜样。技能型学生的教师不仅需要有较强的职业道德，还应该具备团队责任和扎实的职业知识，以身作则。高职院校应根据技能学生的实际情况调整课程设置，适当增加实践课程的时间，基于大国工匠精神对学生进行教学，让学生掌握专业知识和专业技能。为了完善技能型人才的培养过程，高职院校应采取有效的举措，如校企深化合作、设立三层管理体制等，以改善职业教育的适用环境，并促进技能型学生的发展和进步。在政府、企业和高职院校的三重发展中，高职院校应发挥大国工匠精神的担当意识，以推动职业教育的发展。

其次，为了培养技能型人才应具备的知识、能力和素质，课程设置应该规范且高效。具体来说，课程设置应以职业专业性为基准，包括必修科目和选修科目。必修科目主要涵盖学科知识和实践课程，而选修科目则重点关注职业素养和爱国教育。通过这种设置方式，课程能够满足技能型学生掌握技术理论知识和实践技能的需求，同时也突出了大国工匠精神的重要地位。在设置课程的过程中，院校不仅重视理论，也应重视实践，应该形成教学与实践共同进行的模式，同时学生应该拥有实践活动课程，以便能将书本理论知识应用到实践操作中来。为了提高技能型学生的实践能力和职业素养，院校需要在课程设置中增添某些如实践课程和创新创业项目课程等的选修课程。在此基础上，院校应该合理均衡安排主修与选修的课时，平衡专业课程和公共课程的比例，实践课程的比例应该与专业课程相当。对于想要主修职业技能证书的部分学生，院校更要合理安排学分的比例关系，若是学生能够在限定的期限内提前修满学分，并且符合院校的毕业生条件，可以给予其毕业证书。在实践教学中，院校要加强校企合作，将实训内容融入人才培养的过程中，加强实验器材等方面的投资，强化人才的实训考核和培训，鼓励开展以弘扬大国工匠精神为目的的社会实践活动，培养技能型学生精益求精、一丝不苟的精神。

在高职院校技能型人才培养方案中，严格的毕业要求是非常重要的一环。高职院校应该坚持"严进严出"的治校原则，确保毕业学生达到毕业的准出标准。为了让学生毕业之后的市场竞争力不断提高，技能型毕业生在学校不仅要完成理论知识的学习及实践能力的学分测验，还应该更加注重自己的实践能力。当然，高职院校也应该结合本校的实际情况，并且根据国家颁布的相关法规，与培养目标进行融合，进而让技能型学生毕业之后更加具有竞争力。高职院校应该积极参与"1+X证书"制度并踊跃实践，实现书证融合。实施该制度能够增加大国工匠精神的价值观内涵，在专业课程教学中优化专业人才培养方案。此外，在进行人才培养过程中，为了促进学生的学习和发展，高校应该结合他们的学习成果和学分银行共同进行评价。高职院校需要对现代学徒制进行探索和实践，认清学校和企业的主导作用，以及教师的榜样力量，跟上时代的进步，将高职院校的专业设置不断更新与完善，积极发扬大国工匠精神。针对技能型学生，其评价制度也至关重要，不能单一进行评价，应构建多元化的评价制度，基于大国工匠精神培养高素质全方位的技能型人才。

（三）创新"1+X"技能人才培养模式

在大国工匠精神的引领下，"1+X证书制度"的职业人才观强调了技能拓展的价值和再学习的重要性。该制度的目的就是让学生在学习的过程中以及获取X证书培训的过程中能够将大国工匠精神融入其中，能够在技能等级培训的过程中不仅具备职业道德，又能够提升自身技能技术水平，全方位地发展。这种制度十分看重人才在职业道德上的教育情况与实践情况。如今，首批进行试点制度的院校已经开始两手抓，一手抓学历证书，一手抓技能等级证书。融入大国工匠精神的职业人才观是这一衔接过程中的重要媒介之一。

基于大国工匠精神的创新性技能人才培养模式，高职院校应当重视"1+X证书制度"职业人才观在培养技能型人才过程中的作用。这项制度基于学历，并增加了职业技能的等级证书，导致高职院校在本质上更改了其院校的技能型人才培养的计划以及目标。与普通高校不同，高职院校应注重学历教育中的技能理论学习，巩固学生的基础水平。与此同时，院校应该重视职业技能证书在学生的技能质量评价过程中的影响及意义，应该针对证书的相关制度，在大国工匠精神的基础上继续将院校的制度或者规章等规定进行完善，并与社会企业、组织或者是事业单位进行合作，在适应市场的同时对"1+X证书制度"进行调整。高职院校应支持学历教育和职业培训并举的技能人才培养方式，并将院校的课程内容或者方法方式进行完善，培养出更多全方位的技能型人才，为社会的发展贡献力量。基于大国工匠精神的"1+X证书制度"职业人才观，在人才培养过程中，加强学生实践能力，提高毕业后的市场竞争力。但是，我们也应该注意到，并不能一味地将职业技能证书看作唯一，学生是学习的主体，自然要根据其偏好选择相应的职业，并进行技能训练，让学生在岗位转换的时候更加游刃有余，牢牢掌握基础知识，拥有职业自信心。高职院校应该鼓励并加强学生在学习阶段的潜力性学习。

（四）完善技能型人才培养评价标准

院校应该在技能型人才的教育培养过程中，重视其多方面发展标准。我们应该制定新的技能型人才培养标准，并且将这个标准看作是行动中的基本准则。在对技能人才进行评价的时候，其标准不应该是单一的，而应该是多方位的，比如技能掌握、职业道德等各个方面。具体的评价标准可以从技能型学生的专业课程成绩、学校组织实训的教师评价分数、等级证书等多个方面去衡量。

在制定评价标准的过程中，需要多方共同参与，如政府、社会、企业和高职院校等。政府可以通过举办技能型大赛和颁布技能人才评价相关准则等方式来提高对职业教育技能的重视程度。社会组织可以作为第三方评价机构，参与技能型人才的评价准则，贯穿技能型学生培养的全过程。企业可以为实训提供一些基础的理论知识以供学生学习，或者提供在实训基地进行训练的成果，为技能型人才的评价过程奠定基础。高职院校需要将学生的毕业标准进行严格控制，重视技能型人才的技能水平以及他们的职业素养的评价，坚持"1+X证书制度"等，以此来完善高职院校落实技能人才评价标准。

在多元化的人才培养标准下，政府、社会组织、企业和高职院校需要紧密联系，以促进技能型人才的全面发展。

（五）突出校企合作的主体地位

校企合作的重点就是为企业的发展进行服务，并不断促进技能型人才的就业。企业在高职技能型人才培养中发挥着重要作用，因此，应该看重企业在高职院校技能人才发展中的角色。与专科学校不一样，高职院校对企业是否参与以及其参与程度十分关注，我们需要强调高职院校在校企合作中的主导地位，并加强企业在技能型人才培养中的参与度。

第一，学生在进行技能型训练课程中，企业应该让企业代表参与其中，比如在学校管理的过程中、学科建设的过程中、学生的评价过程中等。只有学校和企业两者皆能获益的情况下，这种校企的合作进程才能更加顺利，双方应该共同建立资源库，对其中的一些人才进行定期的交流学习，不断加深企业对高职院校的了解与认可。除此之外，院校还可以邀请对教学感兴趣并善于表达的领军企业人才来学校开展培训会或者进行授课。随着学校和企业之间合作越来越密切，两者应该加强改革管理制度，也就是说应该尽早组建校企管理组织，分清楚两者各自的职责与权力范围，共同营造良好的合作氛围。

第二，学校和企业在合作的过程中应该积极打造技能型教师的队伍，并快速推进其发展。打造"双师型"技能教师队伍，以高职院校和企业为主体，共同探索高标准的创新性技能教师团队，并强调技能教师的典型模范作用。同时，推动双方共同开展技能教师培训，加强教师队伍建设，提高技能教师的专业素养和教学水平。

第三，加强行业企业与高职院校之间的紧密合作，以促进技能型人才的培养和提高高职院校的教育教学质量为目标。其中，高校要在技能专业建设方面进行加强，在技能课程内容改革方面进行深化，在实训基础内容方面进行提高，进而让更多的双师型教师为学生进行教学，吸引更多的行业企业专家参与教学。同时，高职院校和企业应该在如何打造一支创新型和技能型的教师队伍的问题上进行不断地探索，并加大培训力度，促进其快速成长。此外，高校应该注重学分认证的制度，在职业教育的过程中将"1+X证书制度"更好地融入，促进职业教育实训基地的建设。在信息化教学与培训的发展中，应该借助大数据等新技术，推进基于工作过程为导向的信息化教学模式，让校企合作的主体地位更加突出，实现"双线"人才培养监督模式的落实。

（六）丰富的校园文化形态

在培养大国工匠精神方面，高校不仅需要重视其价值观念文化的形成，还需要提供相应的精神文化和物质载体来支持其发展。在高职院校中，校风、校训以及师生的言行文化等都是体现校园文化形态的重要部分，对于培养高职院校技能型学生的大国工匠精神起着潜移默化的重要作用。

高职院校的校风校训体现着大国工匠精神，对高职院校的校园文化氛围和技能型人才培养的发展有深刻的影响。为了培养优秀的技能型人才，高职院校应该在思想领域、教育方向、文化价值观和学风建设等各个方面形成完备的系统，教师们应该注重自己的言行举止，无论是在职业道德方面，还是人文素养等方面都应该不断完善与培养，为学生树立榜样。校园文化在人才塑造方面具有十分重要的作用，学生将教师作为自己言行举止的榜样。一名优秀的教师、一个优越的校园文化将会激励技能型人才执着追求技术技能，进而将大国工匠精神不断深化。

为了在文化宣传中展示大国工匠精神的作用，高职院校可以将各行各业的技能高超的领军人物的一些事迹或者取得的成绩大力宣扬，在真实的人物事迹影响下展示大国工匠的精神，在学习技能领军人才的实践中潜移默化的影响学生。另外，在学校中诸如办学的理念或者校园文化等都可以将这种精神融入其中，去培养更多的技能型人才，完善品格，全方位发展。最后，高职院校还可以采取一些强制性的措施，比如通过制度规范学生行为，将制度规范作为大国工匠精神培育的形式载体，使得个体价值观得以发展。

（七）以就业为导向的人才培养

我国一直以开放和共享的发展理念为基础，上文讲述的经济格局必然可以造就更多的新兴的职业，从而有更多的岗位，为更多的人提供就业机会。针对高职技能型教育，技能型人才的就业问题非常关键。在培养技能型人才时必须特别考虑他们的就业前景，只有就业信息渠道畅通无阻，才能让更多的技能型人才成功就业。就业，本质上来说就是市场和技能型人才两者进行相互选择的一个过程。市场对求职者的职业精神或者是职业技能等有着非常明确的要求，此时求职者的职业素养在就业竞争中非常重要。社会经济的发展决定了市场需要什么样的技能型人才，所以技能职位是否缺少也是重要的影响因素。

为了培养更多的大国工匠，高职教育应该把就业放在核心的位置上，应该将技能专业教学与职业标准相融合，建设能够与社会需求相适应的课程体系以及教学大纲，将教学与生产之间的联系增强，将技能型人才培养成大国工匠。高职院校在学生就业方面应该注重其实践过程中的培养，以大国工匠的重要精神作为引导，让他们学到更多的有关就业的知识以及正确的就业价值观，培养以就业为最终目的技能型人才。同时，高职院校还要同企业一起进行合作，共同创办开放融合的校企一体化就业服务平台，使技能型人才得以就业。高职院校不仅仅要注重职业教育，还要注重学生的终身教育，其中不仅仅是包含在校学生的学习，还包含毕业的学生重返校园进行学习，或者在学校为企业的技术人才举办培训会等多种方法，从而达到技能型人才的一个动态的、可持续的发展。总的来说，高职院校应该将学生的就业作为重点，为国家培养更多的技能型人才，便于实现中国制造的转型升级。

第四章　工匠精神融入高职院校思想政治教育

本章主要研究工匠精神融入高职院校思想政治教育，依次论述和研究了"大思政"视域下高职院校工匠精神的培育、高职院校工匠精神与思想政治理论课的融合、高职院校工匠精神与课程思政的融合三个方面的内容。

第一节　"大思政"视域下高职院校工匠精神的培育

思想政治理论课虽是高职院校工匠精神培育的主要形式，但是要真正发挥其战斗堡垒作用，则需要有更加宏观的构架和微观的谋划。"大思政"格局为我们指明了方向。

一、"大思政"概述

思想政治教育工作的核心对象是人，而且是具有稳固性的人的价值观和信念。随着中国改革开放和社会飞速发展，对人特别是青年学子产生影响的因素日趋复杂。

（一）"大思政"含义

"所谓'大思政'工作格局，是对多种具有思想政治教育功能的因素通过特定的活动或联系机制所形成的合力体系的整体形态描述。在本质上，它是对思想政治教育的整体形态及其体制、生态和运行机制的实践要求。"① "大思政"教育观强调"以人为本、尊重人的发展"，从全局上整合大学生思政教育工作。这种教育观的形成和发展，历经了二三十年时间。20世纪80年代末，教育界倡导"三育人"（教书育人、管理育人、服务育人）理念，将教育看成一个系统。21世纪初期，一些高校尝试全方位思想政治教育模式，"大思政"作为教育理念被引入思想政治教育中。习近平总书记在2016年12月的"全国高校思想政治工作会议"上强调，要坚持把立德树人作为中心环节，把思想政治工作贯穿教育教学全过程，实现全程育人、全方位育人。努力开创我国高等教育事业发展新局面。为了贯彻落实会议精神，中共中央、国务院在2017年2月27日印发《关于加强和改进新形势下高校思想政治工作的意见》明确要求坚持全员、

---

① 刘兴平.高校"大思政"格局的理论定位与实践建构 [J].思想教育研究，2018（4）：104–108.

全过程、全方位育人。在教育教学的各个环节和全过程中，让思想价值进行引领，最终构建教书育人、科研育人、实践育人、管理育人、服务育人、文化育人、组织育人的长效机制。"大思政"格局正式成为国家指导思想政治教育工作的重要思想。

（二）"大思政"格局的特色

1. 主体多元化和整体性的统一

"大思政"教育理念以马克思主义整体观为指导，强调全员育人，将思想政治教育的主体由思政课教师扩展到包含党政干部、专任教师、辅导员在内的所有教职员工，甚至也可以是能够对学生群体承担、组织和发动思想政治教育活动的社会组织和机构。通常情况下，学校"大思政"工作是由校党委书记作为总牵头人，各职能处室、二级学院负责人为主要负责人，各级教师员工为主要执行人，所有参与人员各自围绕"立德树人"主线贡献智慧和方案，同时保持协调和沟通，确保思政教育工作的有效、有序开展，避免互不通气、各自为政，造成人力、财力、物力的浪费，提高学习与活动的效率与效果。

2. 空间延展性与时间连续性的统一

"大思政"教育理念将大学思想政治教育的空间，由相对单一的第一课堂延伸到第二课堂。专业课、书院、校园公共空间、校外社区、企事业单位、公共场馆、网络空间都有可能成为思想政治教育的场所。在"大思政"教育下，思想政治教育的时间被拉长到学生受教育的全过程，遵循了思想政治教育的基本规律和人的成长规律，注重思想政治教育的连续性和过程性。

3. 内容丰富性和形式多样性的统一

高校思想政治教育不仅要对学生进行优秀传统道德伦理、文化修养教育，而且要加强学生对马克思主义中国化时代化最新成果的认识，同时还要帮助学生理解社会热点问题和社会需要，注重学生创新创造能力的培养。为此，思想政治教育可以借助人类一切优秀的文明成果。思想政治教育的教育形式由于空间和时间上的拓展、参与人员的扩大、有效资源获取途径的增强，获得了多样的可能。传统的听讲、阅读、视听、演示等形式，被大大扩展为其他的实践形式，诸如讨论、参观、学中做、实操、浸润式体悟、面对面访谈等。复旦大学的研究表明，听讲、阅读、视听、演示等学习形式属于被动学习，学习内容留存率在 5%～30%；讨论、实践和教授他人属于主动学习，内容留存率分别达到50%、75% 和 90%[①]。

4. 教育平台的现实性和虚拟性互为补充

现代信息技术的发展，助推了教育方式的革命，为思想政治教育方式的变革提供了较为广阔的舞台，"大思政"教育观能对信息和网络技术对学习以及社会生活的影响作出积极反馈，主动拥抱信息技术下海量的文字资源、图片资源、多媒体资源，充实现实教学的手段。另外，利用慕课等线上学习平台可以将现实中的优质课程实现更大规模的共享和互动。此外，线上博物馆、VR 虚拟现实技术还会为思想政治理论的实践提供更多的可能性。

（三）实施"大思政"格局的路径

"大思政"格局要在一个学校正式铺开，必须做好以下几方面工作：

首先，学校党委高度重视，并进行充分的动员和宣讲。党委是高校大思政工作的领导核心，党委是否严格贯彻落实党中央和上级机关的要求，以及是否高度重视思想政治工作，事关高职院校的整体政治生态建设。党委足够重视，其他各个职能部门才有可能把思想政治教育工作当成重点工作来抓。

党委还需要做好宣传和广泛动员教育工作，认真落实中共中央、国务院2018 年《关于全面深化新时代教师队伍建设改革的意见》要求："加强理想信念教育，深入学习领会习近平新时代中国特色社会主义思想，引导教师树立正确的历史观、民族观、国家观、文化观，坚定中国特色社会主义道路自信、理论自信、制度自信、文化自信。引导教师准确理解和把握社会主义核心价值观的深刻内涵，增强价值判断、选择、塑造能力，带头践行社会主义核心价值观。"[②]

① 尹冬梅 . 构建同心圆式大思政教育新格局 [J]. 中国高等教育，2015（10）：7-9.
② 中共中央国务院关于全面深化新时代教师队伍建设改革的意见 [N]. 人民日报，2018-02-01（001）.

此举的目的是让全体师生明白"大思政"是什么、有什么价值，为什么要布局"大思政"工作，抓好"大思政"工作可以获得什么样的政策激励以及绩效奖励。这样做的目的是让一所学校上到党政高层，中到二级学院负责人，下到基层每一位普通教师均能明白思想政治理论课教育和自身的关系，明确责任和使命。

在宣教工作结束后，可以收集各职能部门对于"大思政"的理解，以及本部门在"大思政"中可以承担的任务以及可能存在的问题，由学校专门成立的"大思政"协调小组等类似的组织协调沟通，理顺关系，起草"大思政"方案，公布并征求全校教职员工的意见和建议，最后再修正完善、正式公布。"大思政"的这些准备环节，一个不能少，更不能敷衍走过场，这样做的目的就是通过宣传、调研、完善，将教书育人、管理育人、服务育人、文化育人等协调统一起来。如果不做好准备工作，别人提"大思政"，我也提"大思政"，具体实施不细化，就会造成"大思政"工作徒有虚名，搞不好还会打乱本来正常的教学管理工作。

其次，师资在数量和质量上应有保证。贯彻落实习近平总书记在学校思想政治理论课教师座谈会上的重要讲话精神，建设一支专职为主、专兼结合、数量充足、素质优良的高校思想政治理论课教师队伍，切实做到政治要强、情怀要深、思维要新、视野要广、自律要严、人格要正。这是高校推行大思政在师资方面的重要前提。"大思政"要有质量，就得落实教育部印发且已于2020年3月1日施行的《新时代高等学校思想政治理论课教师队伍建设规定》：严格按照师生比不低于1∶350的比例核定专职思政课教师岗位。专职思政教师是一所学校思政教育内涵的重要保证。"大思政"工作不仅在思政课上，还在学生管理、学生党团组织活动、学生校内外实践活动过程中，学校党团组织队伍，包括党务工作者、辅导员在内的行政管理人员和教授都是思政教育非常重要的补充，而包括校领导、院领导、校外专家在内的人士可以组成高端兼职思政教师队伍，发挥教师队伍对"大思政"工作的领导和管理作用。

思政教师不仅要在数量上有保证，在质量上也要应时代需求而提升。思政课教师担负着学生精神世界的引领工作，思政教育需要面对多元的个体，回应纷繁复杂的社会问题，教育内容涉及政治学、心理学、历史学、社会学、哲学、法学等许多学科。在这种情况下，教师队伍的培育、继续教育、参观考察，就变得异常重要。教师道德人格有保证了，精神世界充盈了，眼界宽阔了，技能丰富了，才能拥有"以一棵树撼动另外一棵树"的情怀和能力。"大思政"格局下要鼓励老师坚持阅读与学习，勇于实践，挖掘第一手资料，积极主动地组织教学。教学内容要有主导性、创造性和超越性，要能引导学生实现在现实社会实践基础和现实思想道德基础上的思想升华与超越。

再次，"以人为本"构建完善的课程教学体系。思想政治教育是人类社会实践的重要领域，也是一种对象性活动，思想政治教育的对象不是物而是人。"以人为本""以生为本"是思想政治活动的出发点。"大思政"虽然格局大、涉及面广，但并不意味着没有核心。教育教学改革无论怎么改，课程始终是核心。"大思政"需要构建一套合理的思想政治教育的课程体系，表现为：思想政治理论课必修核心理论课程是主渠道，思想政治理论课实践教学是不可分割的重要组成部分，课程思政是重要补充和具体深化。通过显性课程和隐性课程，双管齐下，让思想政治理论课教育做到思想性、实践性和专业性的统一。

在高职教育中，思想政治理论课必修核心课程开设了四门课程：《思想道德与法治》《毛泽东思想和中国特色社会主义理论体系概论》《习近平新时代中国特色社会主义思想概论》《形势与政策》。这四门课程之间不仅各自有所分工，而且还具有联系。《思想道德与法治》侧重于培养学生的马克思主义"三观"、思想道德、法治素养；《毛泽东思想和中国特色社会主义理论体系概论》侧重于讲述中国共产党把马克思主义的基本原理同中国实际相结合、同中国的传统文化相结合的过程，论述了马克思主义中国化时代化的理论成果，主要为了使大学生对中国特色社会主义有更深层次的认识，坚持道路自信、坚定中国特色的社会主义理想，对毛泽东思想以及中国特色社会主义的理论体系进行系统把握；《习近平新时代中国特色社会主义思想概论》侧重于使学生对习近平新时代中国特色社会主义思想的核心要义、丰富内涵、精神实质、实践要求等进行深入的学习和掌握，激发学习新思想、践行新理念的内生动力；《形势与政策》重在让学生及时关注党和国家最新的理论成果和政策动向、国内外的政治经济文化动态，从而认清形势、站稳立场、明确使命。这四门课程是思政核心课程，属于显性课程。关于显性课程该如何教出使命、教出成果，复旦大学高国希教授曾经撰文说，思政课要有术（方法）、有学（知识）、有道（规律）[①]，讲授思想政治理论课，要透彻地通过其学术性、知识性来阐释其政治性、价值性，提高思政课的引导力、解释力、吸引力、感染力以及针对性和实效性。讲清楚理论是如何形成的、中间有什么样的逻辑关系、与现实之间的联系，是高等教育思政核心理论课教育的重点，在"大思政"教育环节不能忽视这一点，否则就无法体现思政课大中小学循序渐进的要求。

课程思政教育是思想政治理论课教学的重要补充与深化。课程思政教育主要涉及思政类通识选修课程和专业课程中思政元素和思想政治教育功能的呈现。社会主义大学需要经常用三个问题提醒自己开展反省：培养什么人、怎样培养人、为谁培养人。各类专业课程的施教者也需要常常自问这些问题。大学里的各类课程都承担传授知识、理论、方法、经验等职能，同时也都蕴含思想政治价值，体现着鲜明的价值意蕴，承载着一定的精神塑造和价值教育功能。人文历史类课程体现浓厚的人文关怀、民族大义、社会责任，自然科学类课程蕴含着丰富的探索精神和创新意识，艺术类课程饱含着对美的无限追求。"大思政"格局，一方面从根本上提醒不重视课程思政价值的教师在观念上有根本的转变，提高自身的政治素养，将主动积极的价值观教育融入课程教学；另一方面，提醒各位教师在课程中与思政课积极合作，同向而行。

最后，发挥隐性思政教育的功效。思想政治教育中隐性教育主要是指教育者以隐性课程、文化传统和环境情境为载体，引导学生在体验、分享中获得身心和个性发展以及价值观、理想信念和道德观念的活动过程及其方式。隐性教育顾名思义具有隐蔽性、渗透性、间接性、体验性和分享性。前面我们提到了课程思政在高校通识和专业课程中的运用，就是隐性教育的重要表现。除此之外，环境情境与文化传统也是重要的隐性教育资源。

马克思主义坚持人和环境、教育与思想政治教育的关系，承认环境对人的影响作用，与此同时，坚持辩证法，强调人对环境的能动作用。高校校园是学

---

① 高国希.大中小学思想政治理论课一体化建设的思考[J].思想理论教育，2019（5）：22—27.

生接触最多，也是受影响最多的环境。校园自然环境是否优雅、整洁、有序，会影响学生对于生态美和社会规则遵循的态度；教学主体的言行举止、工作习惯、学术思想和个人魅力，对学生来说就是一本真实、生动的教科书，可以达到不言自明的教育效果，就像孔子说的"其身正，不令而行"；团委组织比如纪念日活动、"青马工程"培训、团日活动，虽然并非涉及全部学生，但是组织宣传到位，可以对全体学生形成正向理想信念引领；校园文化活动，比如阅读比赛、校友分享、各类展览与讲座、公益活动、歌咏比赛、艺术节等，只要设计得当，均包含丰富的思政教育，会潜移默化地影响学生的思想政治观念；校园传统媒体比如报纸、电台，新媒体如校园网、微博、公众号、校园 App 等，形式活泼亲民，内容积极有正能量，都是发挥思政教育的重要隐性资源。

二、"大思政"格局下工匠精神培育的融合

"大思政"教育理念与格局已在全国各类高校逐步执行并布局开来，从外部来看，各类高校"大思政"工作的形式大同小异，那么，如何体现因材施教的教育原则？如何实现不同类型的培育目标？这是个值得研究的问题，就高职院校来说，职业性、技能性是高职教育的重要特性，高职"大思政"教育如何呈现这两大特色？它的落脚点在哪里？这是高职教育交给高职院校的任务。社会和时代发展呼唤培育具备工匠精神的人才，职业院校对此责无旁贷。职业院校应从以下几方面着手实现工匠精神的培育：

（一）融入工匠精神符合高职"大思政"目标的要求

从《关于加强和改进新形势下高校思想政治工作的意见》（简称《意见》）中，我们可以明确思想政治工作的指导思想为："全面贯彻党的教育方针，坚持社会主义办学方向，扎根中国大地办大学，以立德树人为根本，以理想信念教育为核心，以社会主义核心价值观为引领，切实抓好各方面基础性建设和基础性工作，切实加强和改善党的领导，全面提升思想政治工作水平。"[①] 思想政治教育

---

① 中共中央国务院印发《关于加强和改进新形势下高校思想政治工作的意见》[J]. 社会主义论坛，2017（3）：4–5.

工作的目标为："为实现'两个一百年'奋斗目标、实现中华民族伟大复兴的中国梦，培养又红又专、德才兼备、全面发展的中国特色社会主义合格建设者和可靠接班人。"①

高职院校"大思政"工作要体现《意见》的指导思想，锁定"立德树人"的根本，实现"又红又专、德才兼备"的目标，立足点紧扣"高职"二字，从中找到突破口。职业性、技能性是高职教育的特色，高职教育的"立德"和"德才兼备"必须落实在职业素养与职业精神的培育与塑造上，而工匠精神是职业素养与职业精神的集中体现，因此，将工匠精神培育融入高职生的世界观、人生观、价值观、教育和法治素养培养，融入马克思主义中国化时代化理论形成过程教育，融入社会主义核心价值观，使得高职学校在职业理想、职业意识、职业行为、职业操守、契约精神等方面符合中国现代社会发展的需要，定能客观反映高职"大思政"教育的要求和特色。

习近平总书记指出："思想政治理论课要坚持在改进中加强，提升思想政治教育亲和力和针对性，满足学生成长发展需求和期待。"②思政教育最终要服务于社会生产发展、服务于人。高职毕业生直接面向生产服务一线，工匠精神培育与他们未来的职业素质直接关联。

从国家层面上说，《中国制造2025》战略的实现很大程度上取决于中国能否拥有一支庞大的具有工匠精神的人才队伍。将工匠精神融入高职德育教育无疑提升了高职"大思政"教育的针对性。

由此可见，工匠精神培育是高职院校实现思政教育工作目标的重要载体和途径。

（二）工匠精神本身能够融入高职思政教育

工匠精神，本质上是历史性与现代性并存的职业精神。从语言角度看，"工

① 中共中央国务院印发《关于加强和改进新形势下高校思想政治工作的意见》[J].社会主义论坛，2017（3）：4-5.

② 朱继东.新时期高校思想政治工作存在的问题及其应对——学习习近平在全国高校思想政治工作会议上的重要讲话精神[J].党政研究，2017（2）：28-39.

匠精神"属于偏正复合词，重在"精神"，"工匠"做修饰限定之用。"精神"一词在中国古代最早体现在《淮南子·精神训》中，精神相对于肉体形骸而存在，与天地阴阳联系紧密，类似于灵魂。《现代汉语词典》剔除玄学宗教成分，关于精神的解释有两个：一是指人的意识、思维活动和一般心理状态，二是宗旨、主要的意义，可以看出其与思维、情感、态度、价值意义有关。在哲学领域，学者认为"精神是过去事和物的记录及此记录的重演"，"精神"一定程度上是历史在人脑中精炼、镜像和传承。"工匠精神"在人类早期实质上是一种"工匠的精神"，是手工匠人在专业劳作过程中的情感体验、态度选择与意义追求。伴随社会发展和历史传承，各种"工匠的精神"渐渐抽象凝练为具有共性的"工匠精神"，即所有参与职业劳动的劳动者共通的职业境界，表现为对劳动的尊重与敬畏，对创造的热爱，对行业品质的执着、对最佳服务质量与用户体验的追求以及对行业声誉的珍视。庄西真对"工匠精神"的多维视觉观，即把工匠精神放在东西方地域内、传统与现代的时空纬度上、制造业与其他行业的本质内涵里，道德与制度的不同层次上进行理解，可以看出工匠精神是一种兼具历史性和现代性、与职业劳动相关的、以价值为导向的、能产生个体认同和群体意识的人类职业精神。工匠精神是社会人精神素质教育的重要组成部分。

工匠精神培育在大学阶段最合适。工匠精神培育的实质是一种职业价值观塑造，属于广义德育（思想政治教育）范畴，工匠精神可以在家庭教育和基础教育中渗透，也可以在社会实践中磨炼。但相比而言，在大学阶段培育最为合适，原因是个体成长的规律性和德育目标的分层性。习近平总书记指出："做好高校思想政治工作……要遵循思想政治工作规律，遵循教书育人规律，遵循学生成长规律。"[①]初级教育阶段德育侧重于基础品德的建构，高中阶段应侧重于三观的初步确立，大学阶段则重在"立德"——稳固构建学生的科学世界观、人生观、价值观和政治观。科学"三观"教育与政治观念的形成必须与大学生

---

① 吴晶，胡浩. 习近平在全国高校思想政治工作会议上强调 把思想政治工作贯穿教育教学全过程 开创我国高等教育事业发展新局面 [J]. 中国高等教育，2016（24）：5-7.

群体的现实需求及社会的现实要求相结合，最好的结合点就是职业精神素质培育。工匠精神培育是其中的重中之重。大学阶段相对基础教育阶段而言，学生的思维和行为能力成熟很多，学习的知识内容已进入相对专业的阶段，学生需要思考未来如何面向社会，参与劳动生产，社会对他们亦持"准劳动者"的期望，工匠精神因此成为他们必须思考和锻造的职业精神。其培育若在专业教育尚未开展的基础教育阶段去系统开展，不可想象，而在大学毕业后再去系统培训，则不太现实。

（三）思政课是高职工匠精神培育的重要平台

将工匠精神培育融入现有课程体系中，思政课无疑是最合适的，原因是两者目标具有一致性——都是为了"立德树人"，实现学生自由而全面的发展。在马克思看来，人的全面发展就是在人的社会化过程中，不断提升人的主体性，完善人的综合素质。工匠精神是人们生产服务过程中的精神自觉，是一种不受外界压力所迫而产生的追求完美、服务他人与社会的内在动力。工匠精神培育就是通过教育手段提升人文素养，为人文理性的生长提供土壤，在潜移默化中助人认识诚实、积极、有创造性的劳动对于人自身及社会的意义，与高职德育的目标一致，也和"大思政"教育中的全员、全过程进行思想政治教育的要求具有一致性。一旦将工匠精神有效融入高职"大思政"教育，工匠精神培育就可以实现在学生受教育期间的连续性关注。

第二节　高职院校工匠精神与思想政治理论课的融合

一、高职院校工匠精神与思想政治理论课融合的总体情况

基于教育部有关思政课的指导文件和各地思政课实际教学情况，在高职阶段思想政治理论课的核心课程为:《思想道德与法治》《毛泽东思想和中国特色社会主义理论体系概论》《习近平新时代中国特色社会主义思想概论》《形势与

政策》。这些课程开设已非常规范，基本由思政课专任教师施教。《形势与政策》虽然也是高职阶段必修思政课，但是每学期学时很短，施教人员来源较广，可能是思政专任教师，也可能是各级党政领导干部、辅导员、校外专家和学者。施教内容紧跟时事热点，变动较大，除了总体上要求施教者关注时事热点、国家发展战略等与工匠精神的融合外，细致地分析内容耦合之处，难度很大。现如今，取得的成效如下：

新修订的《中华人民共和国职业教育法》已于 2022 年 5 月 1 日起施行。新法强调职业教育是与普通教育具有同等重要地位的教育类型，是国民教育体系和人力资源开发的重要组成部分，是培养多样化人才、传承技术技能、促进就业创业的重要途径。近年来，得益于国家政策的大力支持，基于工匠精神的高职生综合素质发生了显著变化。爱岗敬业、创新精进、追求执着、协同合作等职业意识进一步增强，对高职生工匠精神的培育初见成效。

1. 系列政策指引工匠精神融入思想政治理论课的方向

通过对高职院校学生在实际调研走访中，绝大多数学生对弘扬和培育工匠精神这项工作是有所了解的。这也从侧面反映出国家对新时代弘扬和培育工匠精神所做的工作得到了包括高职院校学生在内的社会各界的普遍关注和认可。

党的十八大以来，工匠精神培育的专项文件陆续出台，为工匠精神培育指明方向。2014 年提出要培养高素质的劳动者和技术技能人才，为进一步推进高职生工匠精神培育打下了基础；党的十九届四中全会提出：弘扬科学精神和工匠精神，加快建设创新型国家；同年年底提到要着力培养学生的专业精神、职业精神和工匠精神；2021 年提出弘扬工匠精神，培养更多高素质技术技能人才、能工巧匠、大国工匠。这都为工匠精神培育融入思政课教学提供了方向，也明晰了实施路径。

2. 思想政治理论课的改革创新，提升了工匠精神培育的实效性

工匠精神培育是落实立德树人根本任务必不可缺少的组成部分。近年来，高职院校都在工匠精神培育方面下了很多功夫，也进行了大胆的创新，内容和形式得到了不断丰富，实效性也得到了一定程度的提升。在调研过程中，有部

分学校组织专班，尝试"工匠精神培育"校本课程的开发；有的学校，聚焦课程思政改革，工匠精神广泛地走进了文化基础课、实训课等。从形式上来看，高职院校借助校企合作、产教融合、现代学徒制的实施，学生了解和学习工匠精神的途径变得更加宽泛；一批高质量的纪录片，如《大国工匠》《百年巨匠》《我在故宫修文物》等也将工匠精神诠释得淋漓尽致，从一定程度上增强了工匠精神的吸引力和感染力；高职院校通过虚拟仿真、思政实践教育基地等平台，不断拓展活动育人手段。此外，近年来，各级各类的职业技能大赛得到广大师生的积极响应。这些都在一定程度上提升了高职院校工匠精神的实效性。

二、工匠精神与高职思想政治理论课程的融合

（一）工匠精神与"思想道德与法治"的融合

1."思想道德与法治"课程概况

"思想道德与法治"是教育部规定的大学生思政必修核心课程，主要目的是对大学生进行世界观、人生观、价值观和法治观教育，激励青年学子爱国爱家、树立崇高的理想，将自己的人生追求同国家发展、民族复兴紧密结合起来，与时代同行，将美好的青春时光挥洒在祖国的建设和发展上。

"思想道德与法治"课程的核心围绕"人"字进行，涉及"做什么人"和"怎样做人"两方面的问题。"做什么人"主要探究人与时代、社会和国家的关系，以及如何实现个体价值和社会价值。无疑，这些问题与世界观、人生观和价值观相关。"怎样做人"则关系到人与这个世界的秩序与规则之间的关系，涉及道德与法治的问题。

2."思想道德与法治"课程内容与工匠精神的融合

"思想道德与法治"开设的对象是大一新生，这门课程对于开启学生大学之门、塑造学生成年后的价值观、思考未来的社会责任与义务具有重要价值。针对课程内容和目标且注重工匠精神培育的学校，其思政教师就需要思考如下问题：如何在"德法"课程中自然地渗透中国特色工匠精神的内容？如何既能

系统讲述思政课程，又能突出高职思政课程中的工匠精神培育特色？下面以2021版部编教材为例，探究融合点：

（1）时代背景与工匠精神的融合

开篇绪论部分，按照思政课的逻辑，重点是担当复兴大任、成就时代新人，引导大学生在认识新时代的基础之上，了解使命担当。想要这一章渗透工匠精神教育内容，可以通过问题链（PBL）启发学生思考为什么要上大学？在职业技术学院就读与接受社会职业技能培训班培训有什么区别？在职业技术学院就读与本科院校就读，目标和要求又有什么区别？为什么要上思政课？思政课与自身成长成才有什么关系？不同时代对于大学生成长成才又有什么不同的要求？在思考讨论之后，教师可向学生讲清楚如下内容：高素质人才是指德业兼备的人，高职院校以培养社会需要的高素质技能型一线劳动者为目标，敬业精神是必备职业素养。思政课程以提升学生的思想政治素养、职业道德素养和法治素养为目标。每个大学生均是特定时代下的大学生，大学生的成长成才必须与时代相契合。中国特色社会主义进入新时代，中国的主要矛盾和发展目标发生了变化，新时代下的大学生必须顺应供给侧改革、中国产业结构转型升级的需要，适应全球智能化时代的现实，加强务实、创新、精益求精为特征的工匠精神培养。

（2）人生观与工匠精神的融合

"思想道德与法治"涉及人生目的、人生态度和人生价值。工匠精神与本课程有如下几个融合点：讲述人的本质时引入马克思主义劳动观，引导学生正确认识劳动与人的本质之间的关系，并能够认识劳动对于人的重要性与价值。讲述人生观时，引导学生认识追求自我价值、服务社会才是最值得倡导的人生目的，人最根本的属性不是自然属性，而是社会属性，将有限的生命投入到无限的社会服务中，是积极的、有价值的人生。以毛泽东、周恩来为代表的老一辈革命家莫不如此。以钱学森、袁隆平、屠呦呦为代表的科学家更是常年甘于个人清贫的生活，用自己的拳拳爱国之心和精益求精的职业精神服务于社会和国家。中国传统匠人既重视匠艺，更重视匠心。杰出匠人均将君子人格作为自身的追求，为了追求心中完美的技艺不惜千百次地锤炼；为了追求诚信的理念断不会偷工减料；对于物质与精神保持辩证理性的态度，正所谓"君子爱财，取之有道"。享乐主义人生目的之所以不值得提倡，是因为没有理解幸福的真谛，以为不劳而获、一味索取、一味追求物质上的享受是幸福感的来源。这种人生目的不仅浅薄幼稚，而且没能理解劳动和积极的创造之于人生的价值。无论是心理学的研究还是实践经验，均证明人类幸福感的真正来源是参与社会活动、克服各类困难、解决原有矛盾、取得一定突破后的自我肯定与心灵喜悦。中外历史上著名成功人士的经历表明，劳动、工作、服务他人、奉献是克服自我否定、无聊和无趣的良方。讲授反对利己主义的人生目的，教师可以从学习和工作过程中的利己与利他关系角度来讲，也可以利用中国传统文化中舍与得的辩证关系来论证。

（3）理想信念与工匠精神的融合

在相关的章节里，从理论上探究何谓理想，理想、信念、信仰之间的相互关系，何谓崇高的理想等是必要的，但是所有的理论探究均需要落地，与学生生活的现实建立起密切的联系，这样的理论教学才能够被重视、被理解、被吸纳、被运用。本章可以适当地和学生围绕何谓崇高的职业理想展开探究，关系到人生规划、职业目标、职业技能和职业素养的设定与需求满足。俗话说，你怎么想就怎么生活。职业理想纵然不能等同于未来的职业，但是有职业理想的学生，会带着积极的心态和情怀去为未来拼搏，而非随遇而安。同时，在本章的讲解中，教师应该引导学生将个人的职业理想与国家理想紧密联系在一起。理想的历史性和时代性决定了人只能在特定的时代背景下构建和发展自我的理想，顺应这样的规律，理想才会获得乘风破浪的动力，违背这样的规律，理想只会由丰满走向骨感。放眼望去，杰出的技能大师、劳动模范、爱岗敬业典型人物，无一不是把自己的青春和热血融入时代需要中。抗日战争时期，陕甘宁边区缺少粮食、装备和物资，党的干部积极投身大生产运动，艰苦奋斗，为边区脱困作出了极大的贡献。中华人民共和国成立后，亟须发展航天事业，不少在外求学的中国知识分子，毅然放弃国外优厚的条件，回国投身航空航天科研，一干就是几十年，成为中华人民共和国历史上的杰出科学家、工匠大师。他们能够取得令人瞩目的成就，是因为他们把个人的梦想和国家的梦想统一了起来。

理想实现的艰巨性与工匠精神培育同样有契合点。理想的实现是一个曲折、漫长、充满挑战和波折的过程，需要勇气、定力、智慧和方法。同样，从一个行业的门外汉到成为行家里手，甚至杰出工匠，当事人必定需要有坚持不懈、不急不躁、精益求精、攻坚克难、开拓创新的品质。因此，在讲述理想实现的路径的时候，教师可以引入杰出工匠大师的人生案例，让学生分析总结大师们如何面对生活与事业中的艰难挑战，最终实现理想。

（4）中国精神与工匠精神的融合

中国精神是兴国强国之魂，中国特色工匠精神属于中国精神的一部分。中华民族注重精神的优良传统为儒家知识分子和中国杰出匠人所称道并奉行。追求家国情怀、技道合一是良匠的信念。大漠里、寒风中，敦煌巍巍鸣沙山下，千年来，一代又一代民间工匠、一批又一批新一代专业技术人员，与其说是生存需要让他们扎根边疆，还不如说是珍爱中国文化和中国文物的精神力量让他们愿意忘却肉体所承受的磨难，享受常人难以体悟的精神愉悦。如果说传统匠人品质重点是守业精业，新时代工匠精神最突出的品质则应该是改革创新精神。在现代工商业环境下，离开改革创新精神谈工匠精神是一种愚昧的固守。中华人民共和国成立以来，中国经济的恢复、发展和复兴无不跟改革创新相关。步入新时代，制造业是实现中国梦的坚实基础，而中国制造业的转型升级，必须以创新为驱动，才能在技术、产品、管理、质量等方面实现飞跃。创新是在原有的行业或产业上深耕细作，探究如何改进技艺、工艺、功效和质量。另外，就是将原有的技艺和新兴技术、新兴行业领域以及新的理念相结合，敢想敢干，敢为人先，从而催生新的生产、服务或管理模式，实现产业的升级、效率的提高或环境的改善。

（5）社会主义核心价值观与工匠精神的融合

核心价值观是一个社会中居统治地位、起支配作用的核心理念，也是一个社会必须长期普遍遵循的基本价值准则。工匠精神是职业活动追求中的意识形态，是社会主义核心价值观在职业领域的具体体现。社会主义核心价值观中的敬业，更是工匠精神的最基本的表现。讲述本章可以将"敬业"专门拿出来，作为一个专题，跟学生探讨：何谓敬业？为何要敬业？如何敬业？从理论探究到实践指引，让学生认识到敬业是人之为人的本质性表现，是人在社会生活中维持生存和体面的手段，敬业也是人的道德品质和法律契约责任的要求。就社会主义核心价值观的践行而言，敬业其实是有层次的，最低层次就是按照要求完成分内的事务；较高层次的敬业是有效率又有质量地完成相应的工作，并能够有改进的建议或积极的贡献；最高层次的敬业，乃是追求产品生产或服务提供的完美状态，为了目标，投入忘我工作，满足感来源于因工作或服务达成的积极效果，而非物质上的回报。核心价值观部分的教育，需要引导学生进行理论上的思辨，更需要通过联系所在地区以及地区卓越行业或行业领军人物的先进事迹，帮助学生认识到在未来的工作中，自己以什么人为榜样，并且选择在哪些领域敬业服务。比如说深圳，"深圳十大观念"实际上就是深圳人对社会主义核心价值观的地方性解读。教师可以给学生分析"空谈误国，实干兴邦""敢为天下先""改革创新是深圳的根、深圳的魂"这些观念在深圳发展中所起到的巨大指引作用。这样开展教学，能够让学生们从更加具体的方面理解并认同社会主义核心价值观，而且为现代工匠精神内涵的渗透奠定基础。

（6）道德与工匠精神的融合

本章主要从社会性规则的遵守角度来对学生的道德行为规范进行提醒与指引。中国社会主义道德主要包含传统道德、革命道德和社会主义道德。所有这些领域都包含中国特色工匠精神的内涵。在本章中，本科及以上层次的综合性研究型院校可以把重点放在道德的学理性探究上。高职院校以及理工本科学校，其实可以重点系统讲述习近平总书记关于新时代中国特色工匠精神的内涵，即传统内容、革命内涵、外来内涵和未来内涵，便于学生经由中国特色工匠精神的孕育、自新与完善，把握工匠精神内涵，理解中国传统美德、革命道德和社会主义道德的主要内容与特征，自觉提升道德修养。在此基础上跟学生探究工匠精神的最核心价值——为人民服务，学生理解起来就会水到渠成。发扬新时代"工匠精神"的根本目的就是要求从业人员生产出高质量的产品，提供优质的服务，满足人们日益增长的美好生活需要。在此基础上探讨为什么社会主义道德的核心是为人民服务，就不再抽象并难以企及了。然后，为人民服务是大德这个知识点就很容易把握了。

本章同样可以设置一个重点探讨的专题，即职业道德与伦理。教师可以分两次探讨，一次从宏观上探讨职业道德，即作为普遍的、无差别的职业人应该去学习的职业道德。另一次从相对具体的方面，联系学生所在的专业，开展专业伦理的普及与案例研究，引导学生从道德和伦理两方面提升自身素养。以医护学院护理专业学生为例，教学可以从医学伦理冲突实例为切入点，激发学生自行访谈了解医护工作中有哪些可能出现的伦理问题、世界各国政府和专业机构在这些问题上有怎样的规定、专业伦理学是如何解读的、有哪些难以解决的问题、在实际工作中应该如何应对。以化生、机电、机械等工程领域的学生为例，在现代商业环境下，适度地进行工程伦理教育是必要的，目的就是为了更好地实现工程造福人类的价值目标。我们有时会说，某某东西很好，很人性化，似乎是因技术独到而产生的效果，其实很多人性化设计，是因为设计者考虑到了伦理问题、社会关怀问题。比如说，在建筑设计工程领域，老年人生活的区域增设高度不等的扶手，是因为设计者有对老年人的人道关怀。实际上，专门开设专业伦理教育的高职院校非常少，但是有必要渗透这类教育，真正有工匠精神的专业人员不太可能突破伦理底线，而且通常对自己的道德伦理要求超出一般人。

（7）法治观与工匠精神的融合

新时代工匠精神是社会主义市场经济与法治社会精神文化的重要组成部分，内含诚信文化、规则意识和契约精神，是不断完善的社会主义市场经济与法治社会的内在要求。2014年，党的十八届四中全会通过的《中共中央关于全面推进依法治国若干重大问题的决定》中将"弘扬中华优秀传统文化，增强法治的道德底蕴，强化规则意识，倡导契约精神，弘扬公序良俗"作为全社会树立法治意识的重要内容。由此，高职院校思政课教学中，法律基础知识教育与法律思维培育显得尤为必要。具体到工匠精神培育方面，可以在两个方面有所体现：一是契约精神培育；二是以法律维护自身以及其他劳动者合法权益，捍卫劳动尊严的教育。

法治教育环节，还有一个非常重要的方面是法治思维的培养。工匠精神主要表现为劳动者的自我职业素养，但是对照中外国家在工匠精神培育和弘扬方面的措施就会发现，法律和制度上的保障对于维护劳动公平和劳动者的地位非常关键，而制度和法律的运行又依靠劳动者的推进和维护。培育劳动者的法律思维、确保劳动者的劳动、休闲、福利和其他权益得到保障，才能真正在全社会让工匠精神发扬光大。

（二）工匠精神与"毛泽东思想和中国特色社会主义理论体系概论"课程的融合

1."毛泽东思想和中国特色社会主义理论体系概论"课程概况

"毛泽东思想和中国特色社会主义理论体系概论"是大学思政课中一门学分占比较高的必修课，目的是帮助学生系统了解马克思主义中国化时代化的发展、理论成果及其关系，使学生对中国共产党领导人民进行革命、建设、改革的历史进程、历史变革、历史成就有更加全面的了解；深刻理解马克思主义中国化时代化的理论成果，进一步加深对中国共产党将马克思主义的基本原理和中国实际相结合，将马克思主义的基本原理与中华优秀传统文化有机结合起来；对马克思主义中国化时代化进程中形成的理论成果有更加准确的把握；对运用马克思主义立场观点和方法认识问题、分析问题和解决问题的能力有更加明显的提升。

2."毛泽东思想和中国特色社会主义理论体系概论"课程内容与工匠精神的融合

（1）马克思主义中国化时代化与工匠精神

"毛泽东思想和中国特色社会主义理论体系概论"这门课的核心思想和内容，就是借助于马克思主义中国化时代化的发展历程，让学生了解到这一过程中所取得的重要理论成果。马克思主义中国化时代化的曲折历程是中国共产党人打破旧世界，建立中华人民共和国，实践并完善科学社会主义，建设社会主义国家的伟大探索，是中国共产党探寻并追逐伟大梦想的过程。中国共产党人推动马克思主义中国化时代化的宝贵经验，可以给学生以启迪：伟大梦想的实现，不是一蹴而就的。工匠大师在成为工匠大师之前，通常都要经历常人难以克服的磨砺。年轻人在追求理想信念的过程中，当遇到诸多的挑战与挫折时，应该如何应对？共产党人探索中国道路的宝贵经验可作为参照。

马克思主义中国化时代化的理论成果蕴含着丰富的工匠精神内涵。马克思主义中国化的理论成果不仅具有继承和发展的连续性，而且具有与时俱进的特点，具有适应国情的特点。毛泽东思想、邓小平理论、"三个代表"重要思想、科学发展观、习近平新时代中国特色社会主义思想都蕴含和体现着马克思主义的基本原理，是马克思主义的科学理论的中国化时代化成果，这些思想都将马克思主义的科学理论作为行动指南，并在实践中不断进行充实与发展，能够联系变化的中国国情民意，致力于解决不同时期中国发展面临的现实问题，同时为世界科学社会主义和共产主义运动作出自己的贡献。把马克思主义与大众生活联系起来，是真正把马克思主义落到实处的客观要求，是使人民大众真信、真学、真用的前提。学习马克思主义理论的最终目的在于指导学生认识世界、改造世界。学习马克思主义中国化时代化的过程以及相关理论，可以联系现实让学生辩证地探讨历史传承和与时俱进之间的关系，新时代工匠精神一个重要的内容就是要处理好这层关系，马克思主义中国化时代化的过程与成果是真实的案例。

（2）毛泽东思想与工匠精神

毛泽东是中国人民的伟大领袖、伟大的马克思主义者，他对中国革命和社会主义建设作出了巨大贡献。毛泽东思想是马克思主义中国化的第一大理论成果，内容博大精深。实事求是、群众路线、独立自主是毛泽东思想活的灵魂。它既是世界观、方法论，又是实践智慧，这些观点、方法和智慧是学生提升工匠精神的重要财富。下面以"实事求是"和"群众路线"为例进行分析：

①实事求是与工匠精神。习近平总书记在纪念毛泽东同志诞辰120周年座

谈会上指出："实事求是，是马克思主义的根本观点，是中国共产党人认识世界、改造世界的根本要求，是我们党的基本思想方法、工作方法、领导方法。不论过去、现在和将来，我们都要坚持一切从实际出发，理论联系实际，在实践中检验真理和发展真理。"① 习近平总书记的讲话高度肯定了实事求是思想路线在中国革命和建设实践中发挥的重要作用。而实事求是这一马克思主义重要观点在中国成为我党的思想方法，毛泽东作出了重大贡献。在事关中国以及中国共产党前途命运的关键时期，毛泽东联系共产党全心全意为人民服务的宗旨，思考如何解决问题与矛盾，他想到的就是马克思主义的方法——实事求是。他撰写了《反对本本主义》《实践论》《矛盾论》等，坚决反对主观主义、经验主义和教条主义，在中国确立了马克思主义的实践观。实践是人类变革现实和改造世界的物质活动，实践是认识的来源，实践是认识发展的动力，实践是检验真理的标准。人的认识过程是一个复杂的连续过程，有从感性认识到理性认识的飞跃，也有从理性认识向革命实践的飞跃。其间包含实践认识、再认识、再实践，循环往复，不断向高一级上升的路径。因此，人的认识一刻都不能离开实践，离开实践就有可能导致错误的观点或者走上机械唯物主义的道路。

坚持实事求是的思想对于新时代大学生尊重现实、重视实践、辩证认识传承与创新的关系有重大作用。实事求是，就是一切从实际出发，理论联系实际，坚持在实践中检验真理和发展真理。坚持实事求是，就要深入实际了解事物的本来面貌，把握事物内在的必然联系，按照客观规律办事。坚持实事求是，就需要不断地认识、实践、再认识、再实践、永无止境，而这恰恰是工匠精神精益求精的重要哲学来源。对照实事求是，对照《实践论》，需要审视一下：这些认识有多少是基于实践？能够经受得住现实的考验吗？能够服务于生产生活吗？能够有利于提高人民的幸福生活吗？毛泽东的《实践论》可以启发大学生既要重视权威和经验，又不能过于迷信权威，学会尊重实际情况，以实际情况思考传承与创新之间的关系。将来投身到实际工作中，要不断通过实践打磨自己的认识，提高自己的技能与服务。

---

① 习近平. 在纪念毛泽东同志诞辰 120 周年座谈会上的讲话 [M]. 北京：人民出版社，2013.

②群众路线与工匠精神。关于群众路线思想，经典的表述是：一切为了群众，一切依靠群众，从群众中来，到群众中去。毛泽东指出："人民，只有人民，才是创造世界历史的动力。"必须尊重人民的首创精神，调动最广大人民的积极性、主动性、创造性，充分发挥人民群众的历史推动作用。必须自觉服务人民，才能成为人民的一员。毛泽东的群众路线思想对于青年大学生培育工匠精神同样有启迪：其一，提高职业能力应该依靠群众，虚心努力地向群众学习，所谓高手在民间，说的就是这个道理；其二，职业劳动最终的目的是什么？应该是服务人民，因为人民是推动社会进步的依靠力量。

（三）工匠精神与"习近平新时代中国特色社会主义思想概论"课程的融合

习近平新时代中国特色社会主义思想是马克思主义中国化时代化的最新理论成果，其中既包含了丰富的新时代工匠精神元素，又有诸多可以和工匠精神相融合的方面。

1. 工匠精神与实干托起中国梦

习近平新时代中国特色社会主义思想，一个很重要的内容是确定中国未来发展的目标——实现中国梦。中国梦的本质是国家富强、民族振兴、人民幸福。中国梦清楚地回答了劳动的目标是什么、社会主义建设为了什么等根本性问题。实现中华民族伟大复兴，是一项光荣而艰巨的事业。如何实现中国梦？习近平总书记认为："面向未来，全面建成小康社会要靠实干，基本实现现代化要靠实干，实现中华民族伟大复兴要靠实干。"[1] "空谈误国，实干兴邦"这句话，习近平总书记曾在多个场合提及。

中国有今天的繁荣兴盛，靠的就是一代又一代人的顽强拼搏，靠的就是中华民族自强不息的奋斗精神。中国人必须像习近平总书记所期望的那样，始终保持那么一股劲，那么一股革命热情，那么一种拼命精神，披荆斩棘、勇往直前。

---

[1] 中共中央文献研究室.习近平关于全面建成小康社会论述摘编[M].北京：中央文献出版社，2016.

在教学中，教师一方面可以让学生了解"空谈误国，实干兴邦"的来历，另一方面，可以组织学生探讨为什么中华人民共和国几代领导人重视实干、实干对于中国的发展和进步起到过什么作用、实干之于国家为什么重要等问题。这类讨论可以帮助学生理解新时代中国梦，更加理性务实地认识到中国梦的实现，实干是出路。因此，要在全社会大力弘扬真抓实干、埋头苦干的良好风尚，出实策、鼓实劲、办实事，不图虚名，不务虚功。

2. 工匠精神与深化改革

"五位一体"总体布局明确了中国改革的几大抓手，统筹推进经济建设、政治建设、文化建设、社会建设、生态文明建设。其中，与工匠精神融合度高的是经济建设、社会建设。在经济建设方面，着重深化供给侧结构性改革，着力提高供给质量，减少无效供给，扩大有效供给。高素质的企业家、工匠和劳模是推动供给侧结构性改革、振兴实体经济发展的重要力量。我国要塑造良好的社会文化生态，营造鼓励创新、终生学习和勇于探索的社会氛围，厚植企业家精神土壤，厘清政府、市场边界，拓展企业家精神生长空间，激发和保护企业家精神；要建设知识型、技能型、创新型劳动者大军；要弘扬劳模精神和工匠精神，营造劳动光荣的社会风尚和精益求精的敬业风气，为此需要加大人力资源培育力度，注重调动和保护人的积极性。

在讲述"五位一体"专题时，可以结合不同专业学生的特点，开展探讨"深化改革与专业匠心"的活动，引导学生联系自身的专业，挖掘专业相关方面的改革动向，思考如何在新时代勇于担当，敬业创新。这类活动可以由思政课教师组织，也可以请专业课教师在课程思政环节中体现相关意图。活动结束后，在课后巩固环节，可以引导学生总结对工匠精神的深刻体会，并交流观点，写下自己对未来职业发展的要求，让工匠精神成为未来职业发展的思想基石。在社会建设方面，教育、医疗、卫生、就业与社会保障、文体旅游、人口计生等很多方面的健康有序发展与工匠精神的提升关联度极高，可以通过优化社会结构、完善社会服务功能、促进社会组织发展等方面改善。教师在对相关专业学生开展教学时，可以有针对性地去讨论提高社会建设质量的途径。

3. 工匠精神与新发展理念

新发展理念属于习近平新时代中国特色社会主义经济思想的主要体现，也是中国共产党在发展问题上的重大理论升华。了解新发展理念、领会新发展理念的意图与着力点是对新时代工匠的基本要求。科学发展问题本质上属于观念的完善与升级问题，因此，作为新时代工匠预备军的高职大学生要对新发展理念有较为全面的认识。

创新、协调、绿色、开放、共享的发展理念充分反映了十八大以来我党在治国理政上的系统思考与谋划。新发展理念五个方面是相互关联、相互促进的整体。"创新"致力于解决发展的动力从何而来的问题，"协调"思考的是发展的平衡问题，"绿色"着眼于人与自然的和谐共生共存问题，"开放"注重的是视野的开阔性和发展的内外贯通问题，"共享"强调发展的互利互惠、公平公正问题。新发展理念是推动高质量发展的新的系统性创新思维，是在总结人类发展过程中的经验教训，对比各国发展优势劣势的基础上产生的。与此同时，新发展理念有着鲜明的中国特色，是立足于中国的新发展环境、条件和目标的观念创新。新发展理念是符合我国的国情，顺应时代潮流、厚植发展优势的重大抉择，具有战略性、纲领性、引领性。我们要深入理解、准确把握其科学内涵。

现今社会，如何实现我国的稳定增长并且惠及民生，贯彻新发展理念是关键。而新发展理念的贯彻效果关键要看供给侧改革是否能够有效地推行。供给侧结构性改革强调优化、促进生产要素的科学配置，推动经济结构转型。在发展过程中，以优质供给为导向，推动质量和效益的双提升。人才是优化制造和服务的关键因素，广大高校学生和劳动者只有充分认识到供给侧改革对于国际竞争、国家发展、生活改善、民生福利的重要性，才能明确自身的责任与使命，在创新、环保、和谐发展等方面多钻研，利用集体的力量将"中国制造"推向"中国智造"。

教师在讲述新发展理念时可以纵向展示不同历史阶段发展的过程和存在的问题，也可以在横向上比较不同类型国家的发展模式，从而引导学生思考什么样的发展是可持续的，并引导学生分析好的发展是由哪些因素造就的、坏的发展又是什么原因造成的、需要从哪些角度去改善。为了让学生理解新发展理念，教师可以和学生一起分析新发展理念的内涵，以及新发展理念五个方面之间的有机联系，比如创新和协调，可以针对学生所学专业领域设置情景，要求学生设计方案。对于建筑设计、给排水、林园绿化、旅游等相关专业的学生，可以让其思考在自然湿地保护与旅游开发双目标下如何合理发展，可以促使学生理论联系实际，进行实践性思考。具备匠心的人才从来都是能够紧跟时代发展理念和现实需要去探索发现的人。

4. 工匠精神与坚定文化自信

习近平总书记在党的二十大报告中指出：推进文化自信自强，铸就社会主义文化新辉煌。全面建设社会主义现代化国家，必须坚持中国特色社会主义文化发展道路，增强文化自信，围绕举旗帜、聚民心、育新人、兴文化、展形象建设社会主义文化强国，发展面向现代化、面向世界、面向未来的，民族的科学的大众的社会主义文化，激发全民族文化创新创造活力，增强实现中华民族伟大复兴的精神力量。我们要坚持马克思主义在意识形态领域指导地位的根本制度，坚持为人民服务、为社会主义服务，坚持百花齐放、百家争鸣，坚持创造性转化、创新性发展，以社会主义核心价值观为引领，发展社会主义先进文化，弘扬革命文化，传承中华优秀传统文化，满足人民日益增长的精神文化需求，巩固全党全国各族人民团结奋斗的共同思想基础，不断提升国家文化软实力和中华文化影响力。[①]坚定文化自信，讲好中国故事，传播中国声音，阐释好中国特色，有助于提升国家形象，增强对外话语权。中华文化博大精深，选取哪些内容重点讲述，容易激发学生的文化自豪感与国家责任感，则需要针对学生的具体情况确定。

工匠精神属于中国文化的重要组成部分，中国古代四大发明闻名世界，中国能工巧匠创作的大量精美作品让世界惊叹。"德艺兼修""心传体知""师徒传承"等，则体现了中国源远流长的文化精髓，也是中国文化自信的重要来源。教师讲述中国文化可以重点从工匠文化入手，通过展示、讲述、对比、分析来

① 习近平.高举中国特色社会主义伟大旗帜 为全面建设社会主义现代化国家而团结奋斗[N].人民日报，2022-10-26（001）.

认识中国文化的外在表现和内在魅力。如此，学生更有代入感也更容易形成共鸣。

文学作品等也可以用来表现社会主义核心价值观。透过木雕业的演进发展，教师还可以引导学生思考传统工艺如何表现现代文化内涵、如何进行现代产业化转化、如何让古代的匠心工艺和匠心作品更加受到现代社会的欢迎、怎么通过创新获得市场认可。带着系列问题学习文化、研究文化，以此增强学生的文化责任感。

在讲述文化自信一节时，可以引导学生思考文化在中国从制造大国到制造强国的转化过程中可以发挥怎样的作用。要真正在劳动或劳动的作品中体现新意，文化内涵不可缺少。同样的，在全球化时代，中国制造或中国服务只有加入中国文化元素才会有更多的特色，才能在世界舞台上屹然挺立。现如今，我们应该启发学生重视文化与精神的输出与创造性利用，比如如何利用制造和生产服务，讲好中国故事，展现中国文化。还可以将文化作为创新创业的重要因素，与技术工艺的创新结合起来，共同打造中国品牌。近些年，中国原创动画能够在世界上拥有一席之地，很大程度上便得益于突出了中国文化元素与特色。

（四）工匠精神与"形势与政策"课程的融合

"形势与政策"是思想政治理论课之一，是对大学生进行国内外形势教育的主要渠道，也是教育大学生学习党的重大决策和方针政策的主要阵地。"形势与政策"主要的任务就是让学生对国家的政治形势、经济形势有所了解，对国家改革和发展的时代背景、国际形势有一个准确的了解，对党的基本路线、重大方针、当今政策有一个准确的了解；对目前社会上所关注的热点、焦点问题进行准确的分析，从而使学生具备对局势和政策的正确理解和分析的能力，从而提升学生的政治敏锐性和政策的判别力，使学生能够在最短的时间内感受到国情民意，将对局势和政策的认知与党和政府的科学判断和正确的决策相结合，从而提升高职学生社会责任感，增强民族自信心。

"形势与政策"这门课的实践性强、针对性强，有着很强的现实性，因此，它的教学内容也会随着时间的推移而变化。"形势与政策"在每个学期都有不同的内容，一般来说是按照专题进行，在决定每个学期课程内容的时候，要参照教育部社科司编写并发布的"形势与政策教育教学要点"，并结合当前国际形势与国内形势的热点问题，依托于各个学校所选择的课本，并结合本校学生的实际情况，以及学生所关心的热点焦点问题，来决定形势与政策授课的专题。

在高职生开学的头一年，是对高职生进行工匠精神培育的最好时机，为此，建议在高职生开学的头一年开设工匠精神专题，从工匠精神的含义出发到中国工匠精神的继承与发展，以及当前社会对"工匠"的迫切需要，使学生深刻地体会到工匠精神的现实价值，深刻地理解对于个人、企业、国家来说工匠精神的重要意义，以及工匠精神对国家、民族、社会的促进作用。根据不同的专业进行专题设计，对学生进行的相关领域、相关行业的工匠精神的教育与培育。

尽管由于形势与政策课程的特殊性，每一年的教学内容都不一样，但是最好在大一的时候就将"工匠精神"这一专题固定，一是有利于培育学生的工匠精神，二是有利于高校实现人才培养的目标——立德树人，三是有利于学生养成职业精神，让学生在校期间打下工匠精神的基础，将工匠精神作为终身的理念，内化于心，外化于行，进而促进工匠精神在各个领域和各个行业中不断发展壮大，为中国梦的实现作出贡献，为中华民族伟大复兴起到推动作用。

三、工匠精神融入思想政治理论课实践教学

培育工匠精神，建设知识型、技能型和创新型的劳动者大军，是我国经济发展由高速度向高质量转变的关键，更是提升高职思政课实践教学质量的重要抓手，它能聚焦高职思政实践课的教育目标、内容、形式与效果，更好地服务于立德树人的教育宗旨。

（一）工匠精神融入实践教学的优势

高职思政课实践教学的课时少，但是效果检验却比本科院校来得快和早，高职学生一般在校时长两年半，医学生的时间还要更少一些，学完两年就需要实习。这就要求高职的思政课实践教学要"绳牵两头"：一头确保实践教学深

化对理论课程的理解，另一头要确保这些实践最好能跟学生触手可及的未来建立起密切的联系。

结合高职学生特点和高职教育的育人宗旨，高职思政课实践教学的目标可以集中一些，这也是马克思主义者处理复杂问题的办法。结合中国时代特征，培育工匠精神作为具体的目标更契合实际。在实际操作中，一方面便于教师把握实践教学重点，从而设计有针对性的实践教学活动，避免流于形式；另一方面也便于学生明确实践课的教学目标，及早对自己参与教学提出预期要求。

工匠精神培育目标易于把握，但是其内涵却极为丰富，可以与思政课的主要培养目标进行完美的对接。从纵向上看，工匠精神由朴素而古典的中国传统工匠文化而来，是中国传统思想和忠孝文化体系孕育下的文化支脉，饱含朴素生存哲学、劳动哲学和敬畏精神。中华人民共和国建立之后，工匠精神则在改革与创新中成为精益求精服务社会的职业精神的代名词。未来，工匠精神将在推动人类的自我解放方面有着巨大的推动力。在横向上看，工匠精神包含积极的世界观、人生观、工作观、服务观和契约观。工匠精神的这些丰富内涵无不可以在思政课教学内容和目标中找到对应。工匠精神与其他的诸多精神相比，最突出的地方就是自带实践基因。工匠精神本身就是劳动人民在实践劳动中形成、感知、提炼、加工、批判和传承的宝贵文化财富，也只有在思政课的实践过程中，学生才能真正地从本源中感悟，从而内省自修。

（二）工匠精神与实践教学融合的路径

工匠精神怎么与思政课实践教学相互融合？这应该是探索工匠精神与高职思政课融合这一系统安排中一个不可忽视的重要组成部分。理论融合与实践融合属于一体两面，本书前述章节已就工匠精神与思政课教学的理论融合做了较为详尽的论述。下文重点探究工匠精神培育与思政课实践教学之间的有机结合。

首先，在顶层思维和实践目标上要明确工匠精神培育的目标和内容。即高职院校要严格按照国家有关思政课实践教学的规定，给思政课实践教学预留足够的学时，不得变相压缩学时，主动构建系统的实践教学框架，明确将工匠精神培育作为思政实践课的重要目标之一，要求教师在制订实践教学计划时将工匠精神培育的具体内容与目标融入，并在实践教学时要有所体现（作为课程教学质量考评点之一）。

其次，构建结构合理、层次鲜明的工匠精神融入思政课实践教学的体系。思政课实践教学分为：校内课内实践、校内课外实践、校外社会实践、线上模拟实践。工匠精神融入思政课实践也可以此为框架构建，并适度结合学生的能力特点逐层安排。

第一，以思政课为核心的，以专业课为辅助的课内实践教学活动，适合于大一新生。新生刚刚脱离高考环境，很多学生未改变以书本为本、以教师为核心，识记加做题的传统思维和学习习惯。在大一适度安排一些课内实践教学活动，比较适合这个阶段学生的实际情况，便于他们有序过渡到重视自我学习和实践学习的高效学习模式，也有利于他们有质量地投入到校外的社会实践教学活动中。课内实践教学的形式可以是：敬业类中外经典文本或图书课内分享会；专业领军人物事迹讲演赛；翻转课堂线上发布两分钟故事会——一位让我感动的身边的劳动者；职业角色扮演与模拟舞台剧。

以专业课为辅助的课内工匠精神实践教学也是值得推广的。这里提的课内实践主要是针对专业课的校内实训。目前，中国高职院校绝大多数专业都有专业实训室，并有专门的校内专业实践课程安排。在"大思政"框架下、思政课教师完全可以突破原有的框架，将思政课的部分实践教学工作渗透到专业实训教学过程中。当然专业实训工作中，专业课教师是主导，思政课教师可以发挥指导和辅助的作用，帮助专业课教师设计专业实训过程中的工匠精神培育的环节。为此，思政课教师需要做如下一些工作：了解专业和行业发展简史、行业特点、国家关于该行业的发展政策与未来要求、行业职业道德、行业伦理、行业法规，行业领域有代表性的杰出企业与匠心人物。根据校内实训课的规范和流程，设计与之配套的加强职业认知的规范化要求，比如让学生必须穿实训服、坚持按时打卡，实训开始前准备好一天的材料与相关环境，实训时有序按照流程操纵，实训结束后完成相关器材和环境整理，并撰写工作日记，反思实训过程中的优点与缺点。学生会在一点一滴中提升技能，感悟到匠心教育。

第二，校内课外实践教学活动。这类思政课实践教学活动是以校园文化活动为有效载体开展的，思想元素的植入可以为校园文化活动提供积极的思想引领和指导。这类活动的有效开展首先取决于顶层设计，即学校层面，要有"大思政"思维，有效协调和组织学生处、团委、马克思主义学院三部门之间的工作。马克思主义学院负责思想政治类校园文化活动的理论指导、目录制定和考核标准。为突出工匠精神元素，可以将敬业乐群、服务他人、职业道德、职业规则、劳动与法等理念有机融入学生处和团委组织的工作中。比如，非遗文化传播、传统工匠文化传播与传承类的社团和集市类活动、社会主义核心价值观之敬业演讲赛、校园辩论赛（设置几个与敬业相关的话题，比如对待工作爱一行干一行和干一行爱一行）、职业规划周、大国工匠进校园讲座、杰出校友回校园职业分享、校园十大学习标兵或敬业楷模评比，激励学生用实际行动争当校园内的标兵，要求学生学习标兵或楷模的先进事迹，通过校园公众号进行分享与传播。

第三，思政课工匠精神校外社会实践。这类社会实践有两种形式，一种是完全由马克思主义学院思政教师组织的，作为课堂教学延伸的实践活动。比如说，带领学生参观工匠精神类展览馆、艺术馆、参与传统工艺文化的实际体验、实景角色扮演、校外职业理想、职业选择、职业坚持类调研或访谈、暗含工匠精神元素的才艺或礼仪模仿秀、短期会务服务等。另外一种，是非常契合高职学生特点、学习周期和学习效果的设计，即由"思政课社会实践与专业实训实习叠加教学"完善而来的工匠精神融入思政课的社会实践。这种类型的思政课社会实践最大的好处是整合并打通思政课与专业课的资源，最终形成育人合力。为此，马克思主义学院要与其他各专业学院建立起合作共识，并且统筹计划安排。

目前课程思政理念已在全国产生巨大影响，不少学院已经行动起来，要求教师在校内专业课程中体现思政情怀或思政元素，但是将这一理念延伸到实践教学环节的还不算多。就学生工匠精神培育而言，思政课和专业课实训可以合作的空间很广阔。比方说，针对目前思政课教师和专业课教师分别发掘和建立校外实践基地的倾向，有专家指出，为提高学生在有限实践条件下的获得感，可以建立"双基地"的办法。"双基地"是指在专业性、思想性相统一的前提下，以思想性为基础，以专业性为依托，选择各院系已经建立的并且比较成熟的专业实习基地作为自己的思政课实践教学基地，思政课教师和专业课教师与实践教学基地进行充分深入的对接交流，思政课教师充分挖掘实践教学基地的思政资源，联系实践教学基地资源和工匠精神培育的目标，做一些基地实践教学安排。

在实际操作过程中分两种情况，一种是基于思政课师生比远低于专业课师生比的实际情况，思政教师无法腾出足够时间与精力，做到每个班进行专业校外实训时均能跟班实践教学。在这种情形下，教师可以在学生进行专业课实训前给学生布置一些与思政课、工匠精神培育相关的实践任务。以深圳职业技术学院人文学院文创专业与深圳帛采文化发展有限公司合作建立的校外公共实训基地实践教学为例，专业课教师带领学生主要实践草木染工艺及相关产品的设计、制作、布展到营销的全流程，其中设计制作核心能力是专业实训的重点，但是这处实训基地传统文化意蕴深厚。学生从上山采摘植物到制作染料、煮布、挑选染材、提取染液、过滤、绑扎、染色、阴干、熨烫、缝制、再熨烫，草木染工艺有至少十几道工序，本身富含丰富的工匠精神元素。

教师在学生出发实训前，可以事先对学生布置如下任务：阅读《考工记》原文以及译本，总结出中国传统工匠文化的重要特征，思考有哪些方面和草木染工艺相耦合；在实训过程中，观察实训教师的职业行为，抓住重要方面记录并点评；结合自己参与草木染实训的全流程开展活动反思，总结自己对工匠精神的理解；从人、技术、文化角度思考传统工艺如何才能在现代化都市的市场上大放异彩，新时代的大学生可以从自我修养、个人德行、技术创新等方面做哪些提升。这些任务布置给学生后，即便思政课教师没有随时跟进，但是学生因为带着这些问题，在实训过程中就会有更明确的目的性。等学生实训回来，教师可以做一个校内分享会，在分享过程中，学生对工匠精神就会有更深刻、更系统的体会。

还有一种情形，就是思政课教师全程参与专业课实践基地的参观学习过程，需要思政课教师协调好自己的时间，虽然与专业课校外实训课保持一致有些难度，但也不是没有可能。一旦实训时间确定下来，思政课教师和专业课教师就需要通力合作，明确教学目的、教学计划、能力培养、教学内容等。在分工上，两位教师各有侧重，一个教师负责思想政治的引导，一个教师负责专业技术的解读和学习。比方说，深圳职业技术学院曾经带机械专业的学生去大亚湾核电站参观，参观项目包含基地厂房及其配套设施外观、公共展示中心、核电机组模拟展示大厅。思政课教师可以带领学生从中国大胆改革开放，果断引入外资筹建中国第一座商用核电站的历史，联系核电站展示中心的实物和档案资料讲述。专业课教师更多把精力放在核电机组运营原理、技术设计、创新等方面，让学生从专业角度认识技术的力量。与此同时，两位教师可以配合讲解核电人员在工业安全上所下的精细功夫，理解核电站"一次把事情做好"的匠心文化。依靠思政课教师和专业课教师相互合作的"双基地"教学模式，学生在有效时间内获得从理论到实践、从技术到精神的全方位培育，这是一个非常好的实践教学路径。

第四，线上模拟实践教学。网络教学的普及与虚拟仿真等现代技术的发展，为开展线上实践教学提供了诸多可能。线上实践教学最大的优点是可以适度解决线下实训的资源不足、参与者的空间和时间安排难题，这对思政课实践教学的落实特别有帮助，因为思政课覆盖面很广、多合班教学，线上教学能保证认真学习的同学可以享受应有的教育资源。比如线上大国工匠杰出事迹作品观摩，只要有网络，每个学生都能清晰完整地欣赏从而完成学习过程。再比如云参观、线上模拟法庭（甚至可以真实地请到法院校外辅导员在线上做全程指导）都能起到比线下更好的效果。另外，虚拟仿真技术的运用为职业模拟、职场角色扮演、职业伦理冲突处理、匠艺制作等提供以假乱真的实践体验。浸润式的学习环境，更有利于学生体验与参悟。对于"网络原住民"的当代大学生而言，线上模拟实践教学是一种特别有亲近感的实践模式。它寓学于玩，将思政课的严肃与网络、现代信息技术的多变和跳跃有机结合起来，增强了思政课的亲和力。

关于工匠精神融入思政课，还需要注意：工匠精神融入思政课的实践教学需要有一定的验收和质量监督保障。针对不同类型的实践教学，设立不同类型的检验方式。教师采用阅读类教学方式，可以要求学生完成如下内容：阅读内容与工匠精神在哪些方面有关联，有什么样的思考和启迪？写成读后感进行文字分享，或制作 PPT 口头分享；采用演讲类教学方式，就要求学生有演讲设计、演讲立意和演讲稿；比赛类，要有比赛准备资料、比赛应变方案、比赛稿全文；参观类，要有参观计划、发现的亮点、个人感悟；调研类，要有访谈提纲、调研图表分析、调研报告；模拟类，要有模拟准备、模拟感悟和今后的规划。其他没有列举到的类别，也要有针对性的验收和质量监督安排，只有这样，工匠精神实践类教学才能区别于自由体验，教学目标和价值才能突显出来。

四、工匠精神与高校思想政治理论课结合的意义

（一）有助于推进高职院校改革发展

《国家职业教育改革实施方案》中对职业教育明确指出："职业教育和普通教育是两种不同的教育类型，具有同等重要地位。"[①] 这对职业教育的地位进行了明确的规定。而在此基础上，我国也出台了一系列的政策"组合拳"，为高等职业教育提供了良好的发展环境，这对于高等职业教育而言，是一个千载难逢的机会，高等职业学校要想在人才培养的质量上得到社会的支持，为区域经济发展和国家战略提供更好的服务，就必须以一种时不我待的使命感和紧迫感进行变革，走上高端发展之路。在高职院校的改革中，将工匠精神的培育融入其中，不仅是高职院校生存和发展的需要，更是高职院校内涵式改革的必然要求。近年来，随着我国高校根本任务"立德树人"的实施，在职业教育中，我国对工匠精神的培育日益关注，在《职业教育提质培优行动计划》（2020—2023 年）中，提出工匠精神主题教育不低于 16 个课时，目的是借助于工匠精神培养最优人才，提高人才培养的质量和水平，推动高职院校的高质量发展。国务院在职教改革方案中对"培育和传承好工匠精神"也进行了特别强调。然而，"工匠精神"所包含的"大局优先，大公无私"的家国情怀，"戮力同心，协同合作"的团队精神，"一丝不苟，专注执着"的敬业精神，"精益求精，追求卓越"的价值追求，正是高等职业教育在改革创新过程中所必需的，在解决育人方式、管

---

① 国务院印发《国家职业教育改革实施方案》[J]. 教育发展研究，2019，39（3）：77.

理体制、办学模式、保障体制等方面所需要的。在高职院校的改革中，只有紧紧抓住工匠精神才能够深化各项改革，促进学生专业知识的培养，促进学生专业技能的提高，实现对精湛技艺的追求，进而保证在国家建设和发展中对于人才的需求。

（二）有助于高职院校"双高计划"建设

在职业教育的改革和发展过程中，为了促进职业教育的高质量发展和繁荣发展，政府推出了一系列的"组合拳"。为贯彻实施职业教育改革要求，教育部针对高职院校于 2019 年 3 月提出了"双高计划"，即建设一批具有中国特色的、具备世界先进水平的高职院校和专业群计划。"双高计划"的实施，要求高职院校提高自身情况推进产教结合，并且融入区域发展之中，努力打造一批高质量的、一流的高职院校，建设一批专业的、一流的、顶尖的专业群，培育出一批高素质的高级技工，为建设人才强国贡献自己的力量，这就是高职院校的责任、任务和使命。

在职业教育中，工匠精神是精髓和灵魂，同时也是职业教育发展的特色之处。之所以提出"双高计划"，主要目的在于对我国的职业教育的社会地位以及国际竞争力进行提升。因此，高职院校要在"双高计划"的实施中，始终以工匠精神为起点，从整体上把握高职院校的办学特点，遵循高职学生的成长规律，满足社会行业发展的需求，在整体上将工匠精神科学地、统筹地融入"双高计划"建设过程中。在此过程中，我们要把工匠精神融入学校的顶层设计、教学工作、师资队伍建设、社会服务、校企合作、国际交流和合作等各个环节，并且要坚持工匠精神的"大局优先、无私奉献"的家国精神，立足于中国本土，建设具有中国特色的、高水平的、具有广泛影响力的职业院校。同时，将敬业精神、团队精神、创新精神融入区域产业结构的建设之中，构建高职院校的特色专业群，为本地区的经济发展提供相应的服务，促进建设制造强国。此外，用工匠精神促进建设职业教育的"双高计划"，为社会输送一批具有工匠精神的技能人才，同时也要将工匠精神融入办学理念之中，培养出执着专注、精益求精的教师队伍以及高技能人才队伍，不断促进我国职业教育人才培养的能力，加速"双高计划"的建设和落实，为制造强国服务，促进中国产业在世界中走向高端发展，为社会主义现代化建设作出贡献。

（三）有助于丰富高职院校思想政治教育的内容

我国的思政教育应该与时俱进，在 2025 制造战略的背景下，要实现我国教育的现代化征程，就需要高职院校的思政教育与时代紧密结合，为实现强国战略提供所需要的人才。现代的工匠精神不仅包括了追求完美的专业素质，还包括了爱国的家国情怀，吃苦耐劳的精神品质，以及大局意识。目前，在高职院校的人才培养过程中，在培养人才专业技能的同时，也需要对人才的个人品质以及思想素质进行培养，加强思政教育。就当前高职院校的思政教育内容来看，在高等职业技术学院的学生中，只有《思想道德修养与法律基础》一节中的职业道德中有工匠精神。鉴于此，应该在思政教育的各个层面上融入工匠精神，实现高职院校的思政教育内容的不断丰富。长时期在思政教育的影响下，学生可以将自身的专业素质与岗位进行有效的融合，不仅在理论层面上，培养学生精益求精的精神，树立爱岗敬业的情怀，而且，在实践层面上，提高学生自身的职业价值和就业能力，以此不断适应社会经济的快速发展和经济的改革创新需要，让高职院校的学生在劳动力市场中成为重要的力量。

（四）有助于彰显高职院校思想政治教育的价值导向

所谓思想政治教育的价值导向指的是培养学生与社会发展需要相适应的价值观。在高职院校的人才培养中学生不仅要具备专业的技能，同时也应该具备较高的职业素养，这关乎学生职业的未来可持续发展。当前，因为理论学习和社会经历，在意识层面上，高职学生已经可以判断和明确职业发展与道德修养之间的关系，但是在实践层面上并没有取得理想的效果，有时也非常容易受到外界的干扰。对于当前的高职学生的价值观来说，工匠精神中所蕴含的诚信、敬业、专注、执着的职业态度对价值观的培育具有导向作用。在当今社会，随着技术的不断进步，制造行业对工人的需求也从单一的体力劳动更多的向脑力劳动转变，在这样的背景下，企业也对职业技术学院的毕业生提出了更高的要求。在对学生进行思想政治教育的过程中，要强化对学生的工匠精神的引导和培育，让学生树立起爱岗敬业的理念，帮助大学生在毕业之后可以立足于社会，踏实工作，让职业教育为产业发展和经济建设服务，同时还能满足中国从制造大国向制造强国的转变中对专业人才和骨干的需求，符合国家大力发展职业教育的战略目标，这也展现了思政教育回归到社会价值。

（五）有助于提升学生的人文素养

人文精神和工匠精神的融合，使得高职院校的文化特质得到了彰显。尽管高职院校以培养技能技术人才为目标，但也不能只专注于培养学生的劳动技能，而忽略了对学生德智体美的全面发展。站在时代发展的角度，当今社会对于技术人员的要求也越来越高，复合型技能人员日益成为企业所需要的人才。为了适应时代的发展，高职院校的学生不仅需要具备专业的知识和技能，同时还需要具备职业素养和创新精神。作为我国青年的重要组成部分，高职学生在促进社会主义现代化的建设中有着不可忽视的重要作用。要使高职学生对劳动的意义与价值有更深刻的认识，使他们在劳动中获得更大的自由与全面发展。工匠是一种技术，更是一种思维，这种思维可以从一个人扩展到一群人身上，这就产生了工匠精神。工匠精神具有非常多的内涵精神，比如锲而不舍、精益求精、执着专注、追求卓越等，这使得高职学生的创新能力得到不断加强，促进了学生的职业迁移能力的增长，不仅如此，还能让高职学生顺利地度过重复而又单调的实习时间，从而让他们对自己的职业产生强烈的认同感和使命感，让他们在自己的内心深处，始终保持着对自己所学东西的执着和对理想的追求，实现精神层面的发展与飞跃，进一步提高自身的人文素养，实现健康发展。

第三节　高职院校工匠精神与课程思政的融合

一、课程思政概述

（一）课程思政的顶层设计

课程思政试点与基本思路的形成得益于党和国家的教育智慧与教育实践经

验。从党的十八大开始，国家高度关注在治国理政中思想政治教育的重要作用和价值意义，习近平总书记曾经多次对思想政治理论课的改革作出重要指示，与此同时，就加强思想政治理论课改革问题，教育部也作出了重要部署。这一切都为思政课的改革提供了一个明确的方向，同时也为课程思政理念的形成埋下了种子，打下了基础。

2016年12月，习近平总书记在全国高校思想政治工作会议中指出："要用好课堂教学这个主渠道，思想政治理论课要坚持在改进中加强，提升思想政治教育亲和力和针对性，满足学生成长发展需求和期待""其他各门课都要守好一段渠、种好责任田，使各类课程与思想政治理论课同向同行，形成协同效应"①。在这一次的会议中，明确提出了思政课和其他学科要有机结合，从一定意义上解决了过去教育中出现的一些问题，比如，思政教育单纯的就是思政课的事情；又比如，在其他课堂中，一些忽视价值观教育的教师消解了思政课的积极价值。

2017年2月，《关于加强和改进新形势下高校思想政治工作的意见》由中共中央、国务院印发，在该意见中要求"坚持全员全过程全方位育人。把思想价值引领贯穿教育教学全过程和各环节""充分发掘和运用各学科蕴含的思想政治教育资源，健全高校课堂教学管理办法"②。这份文件明确了"其他学科与思政课相向而行"的思路，也就是说要进行全方位、各个学科、全员挖掘思政资源，为之后的在各个学科领域进行课程思政打下了思想基础和在方法上做了铺垫。教育部在2017年6月，在上海举行了一次课程思政现场推进会，对上海高校开展思政课教学的大胆探索与改革给予了高度评价，并指出上海改革敢为人先、谋划超前，路径清晰、层次分明，领导重视、建章立制，取得了重要进展，为构建以思政课为核心，各类课程与思政课同向同行、形成协同效应的思想政治理论教育课程体系提供了一套有价值、可推广的"上海经验"。

中共中央办公厅、国务院办公厅在2018年8月14日印发《关于深化新时

---

① 吴晶，胡浩. 习近平在全国高校思想政治工作会议上强调：把思想政治工作贯穿教育教学全过程 开创我国高等教育事业发展新局面 [J]. 中国高等教育，2016（24）：5-7.

② 中共中央国务院印发《关于加强和改进新形势下高校思想政治工作的意见》[J]. 社会主义论坛，2017（3）：4-5.

代学校思想政治理论课改革创新的若干意见》，该意见中第 17 条，"课程思政"一词在政府文件中获得明确使用，与高校课程思政相关的内容是："整体推进高校'课程思政'……深度挖掘高校各学科门类专业课程……蕴含的思想政治教育资源，解决好各类课程与思政课相互配合的问题，发挥所有课程育人功能，构建全面覆盖、类型丰富、层次递进、相互支撑的课程体系，使各类课程与思政课同向同行，形成协同效应。建成一批'课程思政'示范高校，推出一批'课程思政'示范课程，选树一批'课程思政'教学名师和团队，建设一批高校'课程思政'教学研究示范中心。"①

在 2019 年 3 月，习近平总书记主持召开学校思想政治理论课教师座谈会并发表重要讲话，他指出，思想政治理论课的改革创新要坚持"八个相统一"，其中就包含"要坚持显性教育和隐性教育相统一，挖掘其他课程和教学方式中蕴含的思想政治教育资源，实现全员全程全方位育人"②。

2020 年，为了进一步落实习近平总书记关于教育工作的重要论述，以及落实全国教育大会精神，对中共中央办公厅、国务院办公厅颁布的《关于深化新时代学校思想政治理论课改革创新的若干意见》进行落实，实现在全国思政课教育中全面铺开课程思政。在 2020 年 4 月，教育部等八个部门发布《关于加快构建高校思想政治工作体系的意见》，意见中的第八条明确指出："全面推进所有学科'课程思政'建设。统筹'课程思政'与思政课程建设，构建全面覆盖、类型丰富、层次递进、相互支撑的课程体系。"③

教育部在 2020 年 6 月印发了《高等学校"课程思政"建设指导纲要》，在纲要中首要位置指出："把思想政治教育贯穿人才培养体系，全面推进高校'课程思政'建设，发挥好每门课程的育人作用，提高高校人才培养质量。"④

---

① 中共中央办公厅（国务院办公厅印发《关于深化新时代学校思想政治理论课改革创新的若干意见》[J]. 中华人民共和国教育部公报，2019（9）：2-7.

② 岳宏杰，郑晓娜，赵冰梅. 高校课程思政和思政课程同向同行问题研究 [M]. 沈阳：东北大学出版社，2020.

③ 教育部等八部门关于加快构建高校思想政治工作体系的意见 [J]. 中华人民共和国教育部公报，2020（4）：23-27.

④《高等学校课程思政建设指导纲要》发布 [J]. 中国电力教育，2020（6）：6.

在上述顶层设计的基础上，课程思政已经成为思想政治教育改革创新和提质扩容的重要切入点和突破口。

（二）课程思政的意义和价值

课程思政是国家加强思想政治教育，提升学校教育质量的需要。课程思政有助于落实教书育人的主体责任，确保全员育人、全程育人、全方位育人（"三全育人"）要求的实现，在中国高等教育领域具有重要的价值与意义。

课程思政有助于回应教育之问。党的十八大以来，国家全面加强了党对教育工作的领导，要求教育围绕"培养什么人、怎样培养人、为谁培养人"的根本问题展开。思想政治工作的重点在于培养什么人、为谁培养人。课程思政是加强思想政治工作的重要理念创新，有助于利用各类课程阵地，坚守社会主义办学堡垒，有助于确立马克思主义在高校意识形态的主导地位，增强学生的"四个自信"，为社会主义改革和发展服务。

课程思政契合了"三全育人"的需要。中共中央、国务院《关于加强和改进新形势下高校思想政治工作的意见》提出坚持全员、全过程、全方位育人的要求。课程思政调动所有教师参与思想政治教育，让所有老师成为学生思想成长的引路人。当今信息化社会，德育工作面临的环境非常复杂，学生接受信息的渠道丰富，各种思潮相互激荡，观点多元庞杂。此外，在快速发展的现代社会，学生在求学的不同阶段，受影响的因素和自身关注的侧重点均在变化，这意味着德育工作不能限定于某位老师某个课程或某个学期，必须要有长期性、系统性和整体性的规划与安排。这样教育才能是立足于时代、立足于社会现实、立足于学生成长规律与特点的教育。课程思政还丰富了"三全育人"的内容，除了政治教育、思想与道德品质教育、法制教育、环保教育、生命教育以外，学生还能在专业课程中获得专业道德与伦理的教育，实现知识教育与价值引领的有效统一，使得思政教育更加全面有效。

课程思政是实现显性教育与隐性教育相互结合的有效方法之一。加强思想政治理论教育，既要理直气壮地开好开足思想政治理论课，占领好意识形态主阵地，又要不忽视其他的隐性教育影响。就学生而言，受教育受影响的途径众多，但是比较来看，课程教育是发挥影响最深刻的环节。在其他课程中融入思政元素，可以让学生在潜移默化中持续接受积极价值观的引导，从而学会思考、善于分析，不仅获得真知，而且知道如何选择与判断。

二、工匠精神培育与课程思政的融合

（一）课程思政与工匠精神的耦合

探究工匠精神培育和高职课程思政的耦合，基于如下主客观条件。将工匠精神培育融入课程思政是整合现实顶层设计的需要。近些年，基于维护和建设稳定、富强、文明的社会主义国家的需要，党和国家要求加强高校思想政治理论课教育、工匠精神培育、劳动教育，推行课程思政，目的是有效提升思政课教育教学效果，增强学生的政治素养与职业素养。

课程思政和工匠精神之间存在天然的耦合关系，即两者育人目标相通、价值导向一致、实现路径统一。将工匠精神作为课程思政的主要价值目标，可以使课程思政在高职院校的实施思路和目标更清晰。高等教育的主要目标是为国家培养各级各类人才，以服务各种各样行业发展的需要。工匠精神属于人才的必备素养，虽然思政课、劳动教育课、就业指导等课程以及各类校园文化活动与社会实践活动可以培养学生的工匠精神，但是对于学生来说，专业课程教育还是占据主要时长的教育。专业课程也是培养学生专业素养的重要平台，因此，将工匠精神培育作为课程思政培育的核心内容与目标，正是抓住主要教育矛盾，解决主要问题。

将工匠精神培育作为课程思政的主要目标有利于专业教师有的放矢地整合资源，提高课程思政的效果。一般来说，专业课教师对于专业教学的知识目标、能力目标是非常清晰的，较之思政课教师有更强的企业关注和行业参与意识。课程思政不等于思政课程，也不应该上成思政课程。加强工匠精神培育作为课程思政的目标，便于专业教师聚焦任务点，挖掘课程思政资源并设计相关课程。

工匠精神培育融入课程思政，有助于突出高职人才培养的特色。工匠精神培育作为课程思政的重点，有助于凸显职业院校教育理念和目标，也更加符合社会的需要。高职院校致力于为社会培养高素质的一线劳动者，职业型、技能型是人才培育的应有之义。职业价值观、职业理想和职业行为规范都是企事业单位非常看重的要素。课程思政重点加强工匠精神培育是教育顺应社会发展需要的体现。职业素养绝非一朝一夕灌输而成，渗透、浸润式的课程思政模式在潜移默化之中影响着学生的职业观、专业观和社会责任感。

（二）课程思政中蕴含的工匠精神元素

其他课程与思政课同向同行，培育学生的工匠精神应该抓住哪些主要内容呢？结合思政课的主要教学目标和新时代工匠精神的主要内涵筛选梳理会发现，以下几点可以在课程思政中展现，基于不同课程的特点，在实际执行的时候可以部分呈现，也可以系统加强。

1. 家国情怀

家国情怀教育是新时代工匠精神培育的逻辑起点，宏观上它能够部分回应培养什么人、为谁培养人的问题，微观上它可以回应为什么要学习、为什么要劳动与工作、为谁劳动和工作的问题。新时代工匠精神就是在改造传统的基础上，强调"家国天下新秩序"的再嵌化。教师在教学过程中引导学生认识个体追求个体权利自由与对国家、集体之间的责任之间的相互依存又辩证的关系，谨防学生在学习专业、追求专业技能过程中功利化，激励学生树立建设社会主义国家的责任感，从事于公于私均有积极意义的学习和工作，为自己理想中的民族国家共同体而努力。家国情怀理念的塑造会从根本上提升学生对自我和社会关系的认识，从更高的角度看待职业学习和职业劳动的价值。

2. 职业理想

2013年5月4日，习近平总书记同各界优秀青年代表座谈时强调："广大青年一定要坚定理想信念。'功崇惟志，业广惟勤。'理想指引人生方向，信念决定事业成败。没有理想信念，就会导致精神上'缺钙'。"[①] 理想是多层次的，有

---

① 习近平.习近平谈治国理政：第1卷 [M].北京：外文出版社，2018.

社会理想、家庭理想，也有职业理想。大学阶段是青年人确立并追寻职业理想的关键时期，如何才能让青年树立积极的职业理想，需要所有教师全过程共同参与。职业理想也是工匠精神培育的重要内容之一，离开职业理想与追求，谈论工匠精神只能是空谈，职业理想会引导青年联系现实，追求卓越。课程思政教学过程中教师可以通过专业行业发展史的介绍，引导学生认识到行业的每一个进步都离不开挑战与创新，同时可以通过行业中杰出人物职业情怀的介绍，引导学生以杰出人物为榜样，树立崇高职业理想，产生积极的推动自身发展和行业进步的使命感和责任心。

3. 敬业精神

工匠精神最外显的特色就是敬业精神，具体表现为对学业或事业的好奇、敬畏与钻研，对服务对象尽其所能的贴心服务。如果说职业理想相对宏观，敬业精神则相对微观，更为日常，在斗转星移中缓慢呈现，需要不计得失地勤于投入奉献。敬业精神的产生既需要有为人民服务的社会主义人生观、价值观的培育，也需要有坚韧不拔意志力的磨炼。思政课程既可以通过灌输宣教引导学生自觉树立踏实勤奋、敬业乐业的价值理念，又可以通过榜样的力量照亮学生选择的迷茫，更可以通过专业实训以及实际工作场景的模拟训练，培育学生吃苦耐劳、勇于付出的精神。敬业精神塑造在课程思政中是比较方便开展的，教师处理起来较为得心应手，学生通常对此也非常欢迎，可以实现思政元素和专业课程的无缝对接。

4. 职业道德

职业道德虽然是从业人员在职业活动过程中应该遵循的行为准则，但是职业道德的训练可以从学生求学时期就开始培养。大学阶段学生要完成准职业人到职业人的技术与思维的转变，职业道德教育成为必修内容，其系统理论教育主要存在于思政课中，但是职业道德的实践外显则在专业教育与专业实践中比较明显，因此，后者同样承担着职业道德教育的重要任务。在这些课程中，任课教师要在心理上明确课程的价值目标，将职业道德培育看成是课程设计中的重要环节，思考如何在课程中布局训练学生的职业习惯，比如有些学校要求学生上实训课程按照标准公司流程运作，穿实训服、打卡、领取工作任务、按流程请示汇报，下课前收拾好工作台面并清洁实训场所。通过这些程序性工作，对学生保持高标准要求，就会在重复中隐性地训练学生的职业习惯，让学生形成一种职业素养记忆。职业行为中的其他职业道德内容，比如诚实守信、办事公道、服务群众、奉献社会等也可以通过课程思政开展。任何课程的教师都可以要求学生保质保量地完成课程项目作业或任务，将诚信作为第一指标，规范项目开始与截止日期，将团结协作、精益求精、社会效益与价值作为重要考察项。专业课教师在教学中要留心收集专业发展史、专业现状与未来趋势、中外行业发展对比数据或图表、专业领域领先的重要方面、专业薄弱环节、专业领域内杰出专家及其先进事迹，目的是在培育学生的专业使命和社会责任过程中有案例和数据为证，有对比结果可呈现。

5. 专业伦理

专业伦理是在专业学习和工作过程中的伦理关系及其调节原则。如何处理专业实践过程中发生的伦理问题，并在不同情境下作出道德分析与判断，选择最佳行为，这是专业伦理教育的重要任务。专业伦理是工匠精神的重要组成部门，具有工匠精神的从业者通常是具有专业操守的人，明白行业底线，重视行业规范，既能够处理好工作中的同级关系、上下级关系、与服务对象的关系、与行业管理部门的关系，又能够处理行业发展与社会责任、国家法律之间的关系。国家加强课程思政，实质上已经向专业课教师提出改善知识结构，在教学中加入专业伦理教育内容的要求。要求所有教师掌握各个领域的伦理理论与实践很难，但是就专业研究专业伦理，加强继续教育，然后将专业伦理作为课程思政的一个重要抓手，是可行、对路，并且有效、有价值的课程思政思路。比方说，建筑工程类的教师，掌握工程伦理学是基本的要求，才有可能在实际教学中引导学生关注工程伦理问题，不仅仅把工程看成是造物的活动，而是养成关注、辨识工程活动中的伦理问题的意识，以"工程造福人类"为己任，做对产品负责、对职业忠诚，有社会责任感和使命感的技道合一的工程师。

6. 创新精神

无论是古代还是现代，崇尚创新都是工匠文化的重要方面。好的工匠固然是能够安于寂寞、精益求精做事的人，但是如果一直固守成规，则很难推动社会进步，也必将被社会所淘汰。人类社会就是在不断革故鼎新的过程中发展的，创新是工匠精神活的生命力。在国际竞争日趋激烈的当今社会，创新的重要性上升到国家战略层面，由此，培养学生的创新思维与创造精神符合教育的本质，也是新时代的必然要求。当前，高职教育中的创新活动如火如荼，有很大的进步，但也要在课程思政中引入创新教育，由专业教师拓展创新思维会更有针对性，而且能够让创新活动做实做强。

7. 法治思维

现代工匠精神是现代契约社会下的精神文化，法治意识和思维是工匠精神中不可缺少的内涵。从法律意义上看，职业契约关系需要劳动者履行对雇主忠诚的义务，比如服从工作分配，告知工作进度，注意工作过程中的安全与保密等；需要劳动者履行诚实、勤奋劳动的义务；需要劳动者接受培训与教育，提高劳动技能的义务；需要劳动者承担职业劳动过程中社会风险的责任。与此同时，现代契约关系、法律制度也给劳动者有尊严的、体面的劳动提供了一定的保障，比如《劳动法》规定了劳动者应该获得报酬、福利、休假、失业保障等方面的权利，为劳动者安心工作提供了保障。思政课中的"思想道德与法治"会对学生进行法律基础知识和法治思维的培养，但是仅有这些是远远不够的，作为未来的专业技术人员，有责任也有义务了解行业相关的法律事务及其法律保护。课程思政中适度融入与专业相关的法律，不仅不会削弱课程的生动性，而且会增加课程的社会价值。比方说在讲授化工类课程时，顺便给学生讲授化工安全与法律；讲授互联网人工智能信息类课程时，可以适度给学生讲授互联网相关的立法、知识产权相关法律。专业课程中融入法律内容，会让学生不单单接受专业知识，而且还能够了解与专业相关的社会法律责任与义务，学生的法治思维会水到渠成地养成。

（三）工匠精神融入课程思政的路径

思政教育涉及的内容非常丰富，课程思政并不需要全部涉足，要力戒把其他课程上成思政课。高校类型不同就意味着课程思政突出的重点应有差异，要避免把课程思政上成一个模子。高职院校课程思政就应把工匠精神培育作为关键点。在实施时，可以从以下几个方面开展：

第一，以学院和专业为单位构建工匠精神培育方案。学院性质和课程结构差异决定了不同学院工匠精神培育的重点也有不同。二级学院需要在学校人才培养方案基础上，明确本学院学生工匠精神培育的内容与实施方略。为此全体学院成员要开展头脑风暴，确认本学院的工匠精神培育重点、难点以及实施方案，并在人才培养方案中体现。为了抓准关键，可以请思想政治类教师、人文公共课专家、企业与行业代表积极建言。课程思政的内容在实施时应该根据学生成长特点，尽量在不同课程中逐步体现。以医护学院为例，忠于中国的医疗事业、追求仁心仁术、遵守医护职业道德与职业伦理是工匠精神培育的重点。再以机电工程学院为例，服务"中国制造2025"、追寻第二个百年目标的中国梦、不怕吃苦、务实创新、遵守工程伦理与法律规范是工匠精神培育的重点。学院总体方案和思路成形后，可以以全员全过程为目标，有序且有选择性、阶段性地不中断对学生开展课程思政教育。在每学期之初，学院可以结合课程特点和任课教师的个人意愿，设置一到两门课程思政重点课程，其他课程不是说不贯彻课程思政理念，而是说相比较而言有所侧重。以护理学院为例，低年级重点在公民素质、人文道德素养、医学生责任与职业认知，中年级可以强化职业操守与职业伦理，高年级强化职业沟通与法律契约精神。

第二，加强教师师德与工匠精神教育。教师是实施课程思政的主要力量，教师政治是否过硬、是否具备工匠精神事关高职工匠精神培育的效果。学校要定期加强教师的思想政治教育，或者二级学院与所在学校的马克思主义学院结对子，马院派指定教师定期对特定二级学院教师进行形势与政策辅导，加强教师们爱国爱党教育和社会责任感教育。学校和各二级学院要严抓师德师风，特别是职业道德教育，教师要提高自我修养，严格要求自己，做到学高为师、身正为范。只要身处教育环境，教师要留意自己的一言一行、一举一动。因为教师如何对待职业，会对学生产生最为直接的影响。试想一下，一位教师每次上课都能准时到校，总是衣着得体举止端庄大方，备课一丝不苟，讲课注重细节，关心学生掌握程度，对学生有问必答，重视学生的获得感，课后还积极继续教育，增进课堂教学效果，课程总能激发学生的求知欲，怎能不成为学生的职业楷模呢？如果一个老师经常迟到早退、课件上常有错别字或逻辑疏漏、学术不严谨，却在课堂上大谈工作要精益求精，又有什么样的说服力呢？

第三，主阵地和其他课程相互配合。思政课程是课程思政理念的主阵地，讲求工匠精神培育的系统性。高职院校思政课程的实际教学，不必严格固守思政课教材原有的章节顺序，可以以新时代工匠精神的主要内涵为核心，将教材体系转化为教学体系，结合鲜活的案例、自主的阅读与反思、精心设计与安排的项目，有序地开展教学。思政课程可以从纵向上让学生明白新时代工匠精神形成的过程，了解古代传统工匠文化、共产党人对传统工匠文化的改造与创新、新时代工匠精神的新内涵，横向上让学生们了解工匠精神的七大主要元素。学生除思政课以外的其他课程，可以结合课程特点，在教学中侧重一到两点工匠精神的体现，不必面面俱到。

第四，以项目为单元培育学生的工匠精神。项目教学法可以运用在理论课程，也可以用在实践课程中。针对理论重点，为增强学生学习兴趣，增加认知，教师可以设置小组研究性话题，让学生以小组为单元完成一到两个具体的研究任务。比如，新时代工匠精神与传统工匠精神有何相同与不同？为什么劳动是光荣的？为什么要敬业？你觉得大国工匠都是一些什么特质的人？这些特质有哪些是先天的，哪些是后天形成的？为了培养学生的项目责任感、团队意识、设问意识、实践意识和探究精神，教师可以对项目的实施流程、实施方法与评价做出规定。比如要求必须以小组形式参加，必有分工清单，必须包含资料查阅、访谈或调研、资料整理或数据分析，必须要形成小组的主要观点，必须要能够做好精细的汇报报告，必须在一定的时间内完成，必须有实事求是的个人项目反思总结。这些安排其实都在模拟职业运作，是在点滴中强化学生的职业素养。

第五，校企合作。在实训或比赛中培养学生的工匠精神。实训或比赛属于学校教学的另一种形式，注重学生学有所用的训练与检验。教师要明白行业的使命与要求、企业文化、企业管理规范，将这些规范融入学生的实训中，同时也可以与企业一同探讨，制定符合实际需求的实训项目。浙江工业职业技术学院曾经在纺织生产工艺实训课程中与企业密切合作，采用模拟订单方式进行实训。实训时将学生分组，按照订单制作流程和工艺要求，设置经理、打样员、浆纱整经员、穿综穿筘员、织造员等岗位，通过小组模拟贸易洽谈获得订单，进而要求学生在规定时间交付面料，然后由企业进行面料检测。这样完全模拟企业需求的实训，教师可以把职场礼仪和沟通艺术、职业操守、质量意识等工匠精神要素有效融入实践之中。一轮实训下来，学生的投入与收获比较大。

　　第六，赛出精神。通过准备或参加各级技能大赛，在有限的时间内引导学生高强度地训练、学习，养成对最好、最优追求的习惯。课程思政强调教育的涵化功能，但是这不意味着它排斥阶段性突击式比赛。教育如电影，有高潮与低潮才能吸引观众；教育如人生，既要有老年的沉稳，也要有青年的激情。这些都是教育过程中不可或缺的风景。

第五章 高职院校工匠精神培养与发展的实践路径

本章为高职院校工匠精神培养与发展的实践路径，分为五部分内容，依次是高职院校培育工匠精神的基本路径、高职院校培育工匠精神的保障体系、高职院校培育工匠精神的评价体系、高职院校培育工匠精神的教师队伍建设、工匠精神引领下高职院校学生职业素养培育。

第一节　高职院校培育工匠精神的基本路径

工匠精神作为制造业转型升级的关键，是企业能够存活和发展的关键和重要保障，是每个人在职场中所必须具备的基本素质，也是我国传统非物质文化遗产至今能够得到保护和发扬的基础和前提。不管是以家族传承制为基础的家庭职业教育，还是以企业师徒制为基础的企业职业教育，或是以现代学徒制为基础的学校职业教育，都必须将工匠精神落实和贯穿在人才的培养全过程中，逐渐地把工匠精神的价值观融入个人的日常学习、工作和生活之中，从而探寻出一条具有实效性和特色的工匠精神培育道路。

一、家庭职业教育培育——家族传承制

以血缘关系为基础的家族传承制在传统工艺的继承和发展中，起着非常重要的作用，是一种保持传统工艺长盛不衰的有效途径和重要手段。在中国几千年的历史中，就传承方式来说，家族传承制是一种最悠久和最古老传承方式。这种方式让文化与技艺通过代代相传，持续地进行着传承，为弘扬工匠精神作出了突出的贡献。

（一）家族传承制的背景

家族传承制由来已久，而且具有悠久的历史，可以上溯至原始社会的氏族公社时代。在母系氏族社会中，制作衣物、食物熟制等技艺都是通过"母传女""舅传甥"进行传承的，一般是言传身教的方式。随着母系氏族公社制度的瓦解，父权家长制开始出现，并逐渐占据主流地位。对于工具制作、洞穴建造等技艺，一般都是通过"父传子""子传孙"的方式进行传承。在母系氏族社会中也好，在父系氏族社会中也好，都是以血缘关系为纽带进行传承，将技艺不断发扬，由此可见这种传承方式具有非常重要的作用，这也是家族传承制的最初形态。在农业、畜牧业不断发展的同时，过剩的食物、牲畜等也随之产生，私有财产开始出现，因为生产力与生产关系的改变，使得社会的最基本的组织

单元从"部落"变成了"家族",从而为家族传承制的形成奠定了社会基础。"部落"指的是几个有血缘关系的宗族或氏族组成的大集体;"家族"是指由有着相同血缘关系的人共同居住生活组成的社会群体。如今,在传承的范围上来看,家族传承制已经有所扩大,从最初的直系亲属(甚至传男不传女),到了现在的血缘亲属,但是,就本质特征来说,并没有发生根本的变化,家族传承制依旧是一种以血缘为纽带的家族内部传承。

(二)工匠精神基于家族传承的方式

工匠精神是一种集"技""术""心"于一体的价值观念,既有对工匠精神的追求,又有对人文精神的追求。所以,对工匠精神的继承与发展,既传承技艺,也传承文化,一般来说主要借助于以下三种方式来实现:一是兴趣启蒙,二是言传身教,三是生活实践。

1. 兴趣启蒙

工匠精神产生的源泉和动力是兴趣和启蒙。家族传承制在兴趣的启发上具有全面、直接、贴近生活的天然优点与优势。家庭是一个人出生以后最开始接触的地方,也是一个人童年生活的主要地点,在一个人的一生中,和长辈父母的相处占据了人生中的大部分时间。由此可知,在个人成长的过程中,家庭环境具有非常重要的、不可忽视的作用。在这样的情况下,工匠精神也随之生根发芽。具体地说,家庭是对继承者的最初兴趣进行激发与培养的场所。在幼年时期,父母前辈的工作间或展示间是继承人经常玩耍的地方,他们会在很多时候,有意无意地观察、接触到家族技艺的施展过程以及最后的成品,因此会在潜移默化中产生亲切感与熟悉感。虽然在这个时期,继承者还没有具备自己选择的能力,同时也不需要付出相应的努力和意志。不得不说,这种方式是让继承人对家庭的技艺产生兴趣的最原始的方式,虽然在短时间内无法看到这种方式产生的作用和影响,但是长久来看,有着独特的作用。随着年纪和阅历的增加,当继承者可以感受并了解到精湛技艺所展现出的美,并且可以依靠它来获得外在的价值,比如维持生计、获得名利等,就会由以往的熟悉感和亲切感演变为一种崇拜感,从而会出现一种想要尝试的心理。这个时候,继承者对技艺的接受开始从被动接触转变为主动接触。不仅如此，继承者在偶尔帮助大人完成事情的过程中会产生成就感，激发了继承者学习技艺的积极性和主动性。虽然他们在这个阶段有着非常粗糙的知识体系和实际操作水平，但是他们已经有了一种积极的求知欲，并且对家族的技艺产生了文化认同。这种认识的意义和价值，要比技艺学习更大。在这样的家庭环境中，兴趣启蒙在潜移默化中、在暗示与感染中、在有意无意地模仿中、在简单的实践过程逐渐培养起来，在这个过程中，继承者也完成了从最开始的好奇与无意识的模仿到自主观察、自主观摩到主动进行探究的转变和成长。

2. 言传身教

工匠精神的传承是一个长期的过程，在这个过程中，传承者的教导是继承者学习工匠技艺，理解工匠文化的最主要途径。家族内部的传承在内容上，具备完整性，一方面是对继承者传授技艺，另一方面是传授文化与精神；在形式上，具备灵活性，不会受限于时间、空间以及师徒关系；在关系上，具备权威性，对于继承者来是说，传承人有着绝对的话语权和管理权。在最初的阶段，继承者主要是通过观察和旁听来学习技艺，在这个过程中，传承者经常是一边工作一边传授技艺，当继承者对技艺有了一个初步的了解和有了一定的基础后，就会进入到实践操作的阶段。传承人在这个阶段往往是一对一的传授，手把手地教，而且整个传授的流程是一环套一环的，也就是说，先将上一环节的要领掌握，再进行下一环的学习。更重要的是，传承者在此过程中展现出来的对工艺制作的一丝不苟和对教学的不厌其烦，可以起到示范和引导的效果，同时也是对工匠精神的最好诠释。除了将基础打牢外，传承人还教导继承者如何分辨出材质的好坏、品质的高低，这既是一种技能，也是一种自我监督与自我要求。由于传承者与继承者之间具有血缘关系，不管是受到外在时间条件的影响，还是受到内在意愿的影响，都能保证传承人将技艺的精华与精髓传授给继承者。尽管如此，传承人也没有办法决定言传身教的最终成效，最终成效取决于继承人自身的领悟能力以及是否可以勤学苦练。从根本上说，对于工匠精神的培育没有捷径。

3. 生活实践

工作是人生不可或缺的部分，特别是在传统的匠人世家，生活与工作相互交融，构成一种较为独特的生存形态和生活模式，因此，工匠精神的传承方式之一为生活实践。一方面，技艺的传承贯穿在日常生活中的潜移默化与耳濡目染之中，想要习得传统技艺，就必须要有丰富的经验，在日积月累中不断精炼。这种个人经验的传授并不一定会在手把手的教学中有显著的表现。相反，它更多的是体现在生活中的不自觉、不经意间，在长时间的观察和感悟之后，继承者才能将其领会，当然，也存在在不知不觉中被影响的情况。在日常的潜移默化中和反复强化的生活实践中，家族事业中蕴含的文化传统以及伦常规范得以传承。另一方面，在传承体系中，这种独特的生活模式也是非常重要的部分，需要继承者对其进行适应，并且进行传承和延续。通常情况下，传承者会让继承者参与整个的技艺过程，从制造到生产到销售与经营，鉴于此，传承者与继承者的劳作习惯、作息时间等需要保持一致。特别是所从事的工作具有周期性特征的时候，比如，获取原材料会受到季节的限制和影响，销售经营分旺季和淡季等，为了适应外部的环境，他们还需要据此进行工作调整。朝夕相处与相互磨合都不是困难的事情，但是这却是培养工匠精神的必经之路。当技艺的学习迈入成熟的阶段，传承者与继承者之间还有一段非常长的时间一起工作。在短时间内完成家族事业的世代传承是不可能的。在此期间，继承者不仅要承担更多的职责，还要不断地学习，提升自己的技术，当传承者与继承者一起工作的时候，要适时地给予指点，追求技艺的精湛是一种永不停息的过程，而工匠精神正是通过这种方法来继承和发展。

（三）工匠精神基于家族传承制的培育路径

任何事情的发展，必然会有一个曲折的发展历程，家族传承制在我们国家已经存在了数千年，我们应该尊重和支持这种方式。在此基础上，我们必须寻求一种行之有效的方法来传承家族技艺和培养新时代工匠精神。

1. 提升传承积极性和传承意识

对一个匠人世家来说，技艺并不只是一种谋生的工具和手段，它还包含了使命、责任、坚持、热爱、骄傲等在物质需求之上的信念与感情，是家族技艺得以代代传承下去的力量与保证。鉴于此，要加强主体的责任感和自豪感，对主体的传承意识和传承积极性进行培养和提升。对于增强继承人对于家族技艺的认同可以从心传口授、情感培养、榜样示范等方面入手，一方面可以激发继承人对家族技艺的兴趣，另一方面还能在这个过程中感知继承者所要承担的责任与使命，进而产生对家族技艺的保护、传承的使命感和责任感。与其他的传承方式相比，家族传承制的独有之处在于情感联结，也有助于传承工匠精神。家族技艺和文化的传承在这种特殊的情感互动、开放、平等的交流中，对继承人产生相应的陶冶和感化作用，在交流与沟通中可以使两代人的传承观念相互交融。归根结底，要想使家族技艺永续发展，就必须靠传承者自己的提升与突破，传承者应该通过不断地提升自己的技艺水平，打造自己的家族品牌，让自己获得行业与社会的认同，进而影响继承者的心态、积极性与意愿。

2. 优化传承内容和形式

家族传承的工匠精神主要的方式是言传身教，因此，继承人可以通过自觉地学习，或者是在无意识的情况下被影响和感染，来继承家族技艺和文化。家族应加强与政府、行业协会、院校、企业等主体的互动与合作，更多地参与到社会活动中，通过跨界使传承更加开放。家族传承在一个不断前进的、开放的、多元的社会里，传承过程不能只是维持现状。因此，我们应该改变传承的观念，在保留其标志性内核、优秀文化因子的前提下，对其进行改造与创新，从而使其具有新的生命力，注入新的活力。其实，家族文化一方面是一种遗产，另一方面也是一个不断积累与扬弃的传承过程，而工匠精神也蕴含着一种不断革新与创新的精神，只有这样，才能保证家族技艺不会被淘汰与退化，还能得到更好的发展，拥有更加广阔的发展前景。

3. 营造利于工匠精神传承的环境

要想使年轻一代人对于家族技艺的传承意愿不断提高，最重要的是要保证传统技艺以及家族传承者的社会地位和社会认可的程度，这既要靠传承者自己提高技艺，做到行业顶尖，也要靠对家庭教育的持续改进与完善，更要靠政府和社会各界的大力支持，积极创造一个对工匠精神家族传承有利的外部环境。

（1）搭建文化传承的平台

平台的搭建应该由政府发挥领导作用，动员行业企业等各个方面的力量，搭建一个为传统手工业进行服务和宣传的平台，对传统手工艺的产品之美以及它所蕴含的工匠文化内涵进行宣传和展示。目前，在我国大力提倡和弘扬工匠精神的大环境中，应该把工匠精神与传统技艺、特定的家族产业联系起来，把工匠精神这个抽象的概念具象化，通过一个文化传承的平台对工匠精神进行宣传，从而让更多的普通民众参与进来，实现弘扬文化和发展文化的目标，同时也能在市场需求上，赢得广大消费者群体的认可。

（2）加强对继承人的保护和鼓励

我们要加强对继承人的鼓励，政府应该加大激励的力度。对此，政府可以针对性地提出激励的政策，比如设立资助项目，实现对继承人的挖掘和培育；建立科学的考核制度及传承资格等级制度，给继承人发放相应的证书，同时给予一定的经济支持及声望、名誉奖励。通过这种方式，既可以提高手工艺的整体水平，又可以提高手工艺者的社会地位；既可以减轻继承人的负担和压力，让其不用担心自己的前途，又可以提高继承人的传承家族技艺的意愿和积极性。

二、企业职业教育培育——企业师徒制

师徒制，指的是一种以契约关系为基础，由师父带徒弟的技艺传承方式，通常双方是非血缘关系。这种传承方式虽然比家族传承制出现得要晚一些，但也是一种历史悠久的传承方式。

（一）企业师徒制的背景

师徒制度是在第二次社会劳动分工的基础上产生的，在这一阶段，手工业与农业相脱离，作为农业的补给行业。随着手工业的发展，社会生产力的提高，人们对工艺品的要求越来越高，单纯的家族传承已经不能适应社会和市场的需要，于是就有了师徒制。在那个时候，手工艺者和家庭作坊一般都会招收一些学徒，一般为13～15岁的儿童，在实际操作中，师傅对徒弟展开严格的技术

教学，传授技艺，徒弟也会逐渐地学习相关的技艺，并逐渐地积累经验。在中国，师徒制的历史源远流长，尽管在发展的进程中，因为时代的原因，经历了形成——发展——没落——复兴的过程。但是，不管是在手工业的生产阶段，还是在工业化的发展阶段，在技术教育中，它始终都是一种重要形式。师徒制不仅是对技术教育的方式，同时还是文化传承的重要方式，典型的代表是孔子在春秋时期，招收了三千弟子。我们可以站在更加深层次的角度来看，师徒传承制一方面是对技艺的传承，另一方面是对"尊师重教"的价值观念的延续，将"一日为师，终身为父""国将兴，必贵师而重傅"等价值观念代代传承，不仅影响着师徒制的发展，同时也会对整个社会产生非常深远的影响。在此之后，企业也运用了师徒制，从而产生了企业师徒制。1985 年，有学者针对企业师徒制，做出了一个比较经典的定义：它是指在企业组织中，建立在知识、技术和经验方面资深者与年轻资浅者之间的一种与人际关系、专业技术、职业生涯等方面有关的支持性师徒指导关系。从严格意义上讲，企业师徒制与传统的师徒制并不相同，因为它是随着企业数量的增多而出现的制度。从另一个角度来说，企业师徒制会受到企业以及行业的相关规范和管理，更加具有正式性，并且属于一种组织的行为，或者从更加广义的角度来说，属于一种社会行为。在传统的师徒制中，大部分都是师傅带徒弟，也会出现由第三方担保人订立契约的现象，大部分为个人的行为，但是在企业的师徒制中有更加规范的制度和组织。企业师徒制与传统的师徒制虽然存在形式上的差异，但是从本质上来说，二者基本没有区别，都是基于师傅和徒弟之间的一种指导关系，因此，从这个角度来说，二者是一脉相承的。

（二）工匠精神基于企业师徒传承的类型

1. 教练辅导型

师傅与徒弟在教练辅导型的师徒制中，主要就组织的相关要求以及工作的任务情况展开一些工作上的交流，师徒之间心理和情感方面的交流较少。在教练辅导型的师徒制中，在工匠精神的培育方面，主要为匠技的传授以及匠术的传授，对于匠心和匠气的培育涉及得非常少。我们从培育方式和培育的过程来看，教练辅导型的师徒制中的培育方式，主要为直接的教学和直接的干预，一般来说，按照相应的目标要求，师傅会给徒弟制定一些学习的方案和具体的工作计划，并且会对徒弟详细说明工作的步骤以及在工作中需要注意的问题和事项。在指导期间，要注意徒弟的工作状态，及时进行表扬和批评，并提出相应的问题解决对策。在教练辅导型师徒制中大多为师傅与徒弟的单向交流，一般来说，不管是工作的计划，还是工作的任务；不管是工作的标准，还是工作的流程，基本上都是师傅来进行决策和决定，在做好决定之后将任务分配给徒弟。实际上，严格的师傅会在工匠精神的影响下将标准设定得比较高，如果徒弟能够达标，就会得到认可并给予奖励；如果徒弟达不到要求，也不会过分批评，更不会忽略他的贡献，主要是对问题进行分析，继续对徒弟进行指导。

2. 关系守护型

师傅与徒弟在关系守护型师徒制中的互动与交流的主题为个人话题，比如人际关系、心理等，很少有针对组织需求和工作任务相关的辅导。从工匠精神的培育方面来看，更多的是注重提高工匠意识和培育人文精神，而相对于教练辅导型来说，关系守护型师徒制对工匠技能的传授较少。在过程和方式上，关系守护型师徒制一般为直接的指导和人文关怀。师傅和徒弟会就工作的任务、工作的计划、工作标准以及工作流程等各个事项进行协商与沟通，在此基础上对任务进行分配，因此，在这样的背景下，师傅对徒弟非常有信心，认为徒弟可以胜任这项工作。徒弟如果在完成工作任务的过程中出现了一些问题或者遇到了一些困难，师傅会及时伸出援手给予帮助。对于师傅来说，一方面需要及时地对徒弟的工作动态进行把握和跟进；另一方面还需要对徒弟的工作状态、心理情感、需求等进行关注，比如生活中是否有困难、工作和同事关系是否满意等。在关系守护型师徒制中，师徒之间的沟通和交流是双向的，根据徒弟的情况，师傅进行有针对性的指导，这种指导建立在对徒弟的了解之上，了解的来源主要是徒弟的自我开放。在这种模式中，本质上来讲，指导行为变为一种建立和维护情感链接的关系，不管是师傅还是徒弟，在这个过程中都可以寻求到想要的满足感和安全感，师傅和徒弟在工作中并不存在紧密的协作，但彼此之间却有一种同舟共济的感觉。

3. 工作协作型

师傅与徒弟在工作协作型师徒制中的互动交流方式与教练辅导型是一致的，主要就所在组织的相关要求以及工作的任务和要求进行交流和互动，最大的不同在于工作协作型的师徒的主要互动方式是间接的，并非是直接的。通常来说，在工作上，师傅和徒弟之间形成合作关系，徒弟在师傅的指导下完成工作任务，保证工作效率的提高和有序完成，在此过程中，徒弟的工作能力得到不断的提高。一般来说，对于工作的任务、工作计划、工作标准、工作流程等，师徒之间会通过讨论的形式来进行确定，明确相关的责任和分工。师徒双方在各司其职的时候，师傅会掌控整个工作的进程和重点，如果徒弟遇到了什么困难，他会第一时间帮助徒弟进行解决。在整个的工作过程中，指导性的协作一直存在，并且在之后的工作总结和自我反省中也一直存在，师徒双方在师傅的引领下，对成功的经验进行总结，对需要改进的地方进行剖析。工作协作型师徒制一方面可以使徒弟的技术水平得到提升，工作能力不断增强，另一方面，还可以借助于这种非常特殊但是正式的关系对同事与同事之间的有意竞争和无意竞争进行消弭，将冲突降到最低，实现工作效率的提高，在同事和公司中营造一个良好的工作氛围，促进组织内的凝聚力的形成。

（三）工匠精神基于企业师徒制的培育路径

1. 建立合理的精神培育制度

企业应该以品质提高和品牌建设为核心和企业愿景，将诚信作为生存的第一原则，为传承工匠精神奠定坚实的文化基础。企业需要建立起更加合理和科学的工匠精神培育制度，才能保证员工树立起正确的价值观，将工匠精神融入员工的在职教育之中。实施和开展企业师徒制需要进行不断地思考，对师徒传承的内容进行明确：一方面，需要在传承技术层面中具备非常专业的知识体系和有关岗位的丰富工作经验；另一方面，还需要在精神和文化层面上不断深化责任意识，明确相关的职业道德和规范。

2. 提升师徒配对的合理性

对企业师徒制在实施过程中的细节进行提前设计，并对其进行持续关注，保证师徒配对的合理性，提高员工发展定位的准确性，有利于降低师徒之间相关适应性问题发生的情况，培育工匠精神的效率可以达到最优。

第一，在进行需求分析的时候，要从整体上出发，不仅要考虑公司的整体发展方向和前景，还需要对不同的工种的特性要求进行考量，同时也不能忽视目前的员工水平，以此为基础对各个工种中实行师徒制度的必要性进行科学和详细分析和研究，并对所投入的时间和精力进行估算，对想要达到的目标和效果进行明确，在对每一位员工的个人详细分析的基础上，选择具有资深经验的人担任师傅的角色，让最具有潜力的人担任徒弟的角色。

第二，在进行师徒配对的实施中，首先需要避免的是公司对此的直接安排，或者是单向选择情况，师徒配对应该采取双向选择的方式来进行，根据师徒的性别差异、学历程度、文化背景等，上级组织可以给予一定的建议，但是师徒双方具有选择权和决定权。因为这种双向的选择是建立在个人的意志基础上的，所以双方的认可程度高，在心理上也更加容易接受。

第三，在实施企业师徒制的时候，要注意把工作需要与徒弟的个人需要结合起来，师傅在这个过程中只是扮演引导者的角色和辅助者的角色，帮助徒弟在工作中找准自己的发展方向，不能让徒弟有依赖感。

第四，在实施企业师徒制的各个阶段，有不同的侧重点，比如，对于新入职的员工，应该尽量让他们更多地了解公司的传统和企业文化，加快培养他们的企业归属感。

3. 完善工匠精神传承的管理制度

企业师徒制的成功和高效实施，离不开各种因素的支撑，特别是需要企业经营者的足够重视。只有将匠人精神的师徒传承提升到公司的战略层次，并在顶层进行规划，并将其列为一种长效乃至终生的培养方案，才能真正实现工匠精神在企业的传承。短期效果与企业师徒制、工匠精神的实质相违背，企业要克服这一点，并在此基础上构建健全的制度体系，以确保企业师徒制能够得到长久的实施与执行。

第一，企业要加强过程管理，将师徒的信息、互动活动等都要做好记录，并进行定期的调研和面谈，对师徒之间的看法和需要进行及时的收集、反馈。

第二，对激励制度进行完善。在激励制度的建设过程中，企业应该首先明确赏罚分明，这对员工积极性的调动有着直接的影响，是最为有效的手段和途径。将精神激励与晋升加薪的物质激励进行有机结合，一方面需要对师傅进行激励，另一方面也需要对徒弟进行激励，对于二者的考核，应该主要参考定期考核、最终考核标准、考核结果等数据，以此为基础，对师傅和徒弟进行最终分数的计算，以此为依据发放物质奖励和精神奖励。在这个过程中，一旦发现形式主义和应付的现象应该及时采取严厉的处罚。

第三，对评估体系进行建立和完善。考核评价标准应该是科学的、灵活的，并且需要对具体的指标进行明确，只有这样才能对企业师徒制的实施效果进行科学的、全面的评估，判断徒弟的能力和成就是否与企业的要求与既定目标相吻合，将最终的评估结果及时反馈给管理者以及师徒双方，师徒双方应该就此进行商议，并以此为基准进行适时调整，让其更加科学和合理。

三、学校职业教育培育——现代学徒制

（一）现代学徒制的背景

现代学徒制是现代产业发展的源头和推动力，是一种独特的校企合作实践方式，也为校企深度融合、工学交替育人提供了制度保证。一般意义上讲，传统学徒制是由古代学徒制、行业学徒制、工厂学徒制三种形式构成的，现代学徒制是以 20 世纪 60 年代德国的"双元制"为代表的。现代学徒制一般被看作是一种"校企合作"的新型职业培训体系。在对知识和技术进行系统性的传授方面，现代行业中的技术技能人才的知识和能力结构已经具备了科学性和规范化的特征，因此，通过学校的职业教育是获取知识与技能更好的途径。可以说，这是时代背景与现实需要共同作用的结果，也赋予了它新的特征。

（二）工匠精神基于现代学徒传承的特征

近几年，我们都在积极地提倡并推动产教融合、校企合作，到目前为止，虽然有一些职业学校能够把这方面的工作做得较好，并在某种程度上取得了一些成绩。现代学徒制作为一种更深层次的校企合作的人才培养方式，将会帮助高职教育在人才培养上获得实质性的突破。

（1）现代学徒制是一种基于多重主体权利与义务均衡的制度，它的利益主体不仅是企业与学校，还有教师与学员。一方面，师徒关系是第一位的，在现代学徒制中的师徒关系与传统师徒关系是不同的，没有了个人依赖，在指导过程中具有更强的普遍性和教育性，既可以确保专业技术教学的科学性和有效性，又可以更广泛地传承职业文化和工匠精神；另一个方面，合同对师徒双方的权利和责任进行了规范和保障。学徒既是学校的学生，又是企业的学徒，这两种身份都得到了承认，从而提升了他们参与的热情。

（2）学校与企业之间的合作更加紧密，与以往相比，企业的参与形式和程度都不同。"现代学徒制"的推行，打破了先学校后企业的传统格局，开创了校企交叉培养的新格局，使校企两级的教育形态由泾渭分明走向相互衔接和融合。在这种模式中，企业是整个技术技能人才培训的主体，也是专业能力标准的制订者，参与制定人才培养方案、学校建设和分享教学资源。

（3）以强化学生的实际操作能力为前提，并以提高学生的综合素质、素养和自学能力为主的现代学徒制度，可以使职业院校的人才培养更加贴近企业的需要。

（三）工匠精神基于现代学徒制的培育路径

在现代学徒制度的基础上，对工匠精神的培育问题提出了以下策略：

1. 完善校企合作机制

目前，高校与企业之间的合作要达到可持续的深入合作，并形成一种真正的人才培养模式，就必须在合作过程中进行文化整合。从宏观的视角来看，以文化融合为基础的学校与企业之间的关系，已经不只是单纯的利益交换或者指导与被指导的关系，更多的是一种在文化的交流与碰撞中，彼此之间产生的一种相互影响、共同探索、共同成长的合作关系。一方面，现代学徒制以自觉约定和制度保障明确双主体的责任，成为企业与学校之间文化融合的纽带，而要不断地向更深层次发展，就必须以此为基础。

要使学生把"工匠精神"融入自己的内心和行动中，需要一个漫长的过程，也是一个校企合作的过程。学员在企业实习过程中，要深入体会公司的文化，达到对自己的要求，不断提高。学生还在上学的时候，学校还应该把公司文化和校园文化结合起来，把公司文化和校园文化融入他们的学习和生活当中。除此之外，在建筑和布置上，要参考现代化的公司办公空间，运用标语、看板、宣传册等载体，反映行业文化和工匠文化；在高校的教学和管理工作中，也应按照现代化的企业生产经营方式，建立起一套严谨的教学和管理体系。

2. 构建完善的教学体系

以"技术"和"素养"并重、"学习过程"和"工作过程"为一体的"工匠精神"培养模式，是"匠人精神"培养的核心。职业院校应对接行业准入资格标准和岗位资格标准，解构课程内容，把"毕业证""职能证""从业资格证""准入资格证"相结合的"四证合一"教学模式，转变为"公共基础课""准从业人员素质""岗位素质"等教学模式。学校和企业在校企联合培养人才方面进行更深入的研究，改变以往"一分为二"的教育方式，首先是学校教育，然后是企业实习，采用"校企轮换、工学交替"的教学组织方式和实施，形成"校内基础课程学习——企业学徒见习——在校岗位任职基本技能学习——准入资格培训考核——企业顶岗实习——岗位资格培训考核"的阶段性交替培养模式，从而达到学校和企业无缝对接的目的。学校与企业应该让学生在真实的工作环境中，对自己所学的专业有更深刻的认识，并对自己将要从事的职业有更多的认识，从而激发出自己的学习激情，逐步树立起自己对职业的认同感和归属感，让学生能够对企业员工的工作方式、工作内容、工作技能、工作态度等有一个全面的认识，并将这些知识转化为自己的行为习惯和职业态度，从而使自己从学生到员工的角色转换得以更快地完成。

3. 共同建设双导师队伍

校企要共同构建一支技术精深、教学能力强、师德高尚的"企业师傅＋学校双师型教师"的双导师队伍，这是培养工匠精神的核心。要使导师始终在课堂上发挥对学生的正面作用，就需要加强指导教师队伍建设。学校要为"双师型"教师开辟一条道路，实行新教师上岗前的顶岗训练和老教师的阶段性、周期性的顶岗训练，使教师既能提升自己的实际操作能力，又能熟悉企业中的新职位，确定"匠人"的发展方向。同时，学校要积极引进企业中的技能大师和能工巧匠，不断地对人才的培养计划进行研究，不断地对课程体系和内容进行修改，不断地推动专业的教学改革。企业应该建立一套清晰、合理的师傅选拔系统，对选拔标准进行严格的遵守，从中选出的师傅不仅要拥有高超的技艺，还要具有一定的教学能力，可以灵活地使用合适的教学方式来对学徒进行培养。企业还应该为师傅的带培训发放补贴，在赋予师傅一定程度的带徒和指导自主性的同时，还要对师傅进行定期的考核，根据学员的反馈意见进行改进。在"理论与实训相结合"的模式下，校企双方要实现"教师"和"师傅"之间的有效结合，以及"导师"在现代学徒制的全过程中的作用得到最大程度的发挥。同时，教师要多与学员沟通与互动，做好榜样，全天候、全方位地对学员进行指导与矫正。

第二节　高职院校培育工匠精神的保障体系

工匠精神越来越受到国家和整个社会的重视，厚植工匠成长的沃土已成为国家意志和全社会的共识。职业院校是培育工匠精神的主阵地，职业教育系统培育工匠精神是服务于国家战略实施的重要途径，是实现产业转型升级的现实需要，是推动职业院校可持续发展的重要因素，是技术技能人才职业生涯发展的助推器。但工匠精神的培育不是一蹴而就的，需要从组织、政策、环境、经费等方面予以保障，并从人才体系构建、人才培养模式改革及师资、平台等方面加强技术技能人才培养体系建设，从而实现工匠精神培育的目标。

一、组织保障

我国要坚持国家主导、政府统筹、地方为主、分级管理的管理体制。工匠精神的培育是一项系统工程，需要做好顶层设计，强化组织保障，形成上下合力，多部门协同培育工匠精神。

国务院相关部门应有效运用总体规划、政策引导等手段，加强对工匠精神培育的统筹协调和分类指导；地方政府要切实承担主要责任，结合本地实际推进工匠精神培育，研究制定具体实施方案，细化政策措施，明确责任分工，探索解决实际培育中的难点问题，确保工匠精神培育落实到位。政府要加快职能转变，充分发挥相关工作部门联席会议制度的作用，形成工作合力。

教育主管部门应把工匠精神培育作为衡量院校办学水平、考核院校领导班子的重要指标，将其纳入职业院校教育教学评估指标体系和专业群评估指标体系，将工匠精神培育情况写入高职高专教学质量年度报告和毕业生就业质量年度报告，接受社会监督，要注重发挥行业、用人单位的作用，积极支持第三方机构开展评估，将考核结果作为政策支持、绩效考核、表彰奖励的重要依据。

各地区、各职业院校应充分认识工匠精神培育的重要意义，加强指导管理与监督评价，健全工作机制，统筹推进本地本校工匠精神培育工作。各地区要成立工匠精神培育专家指导委员会，开展技术技能人才工匠精神培育的研究、咨询、指导和服务工作。各职业院校要落实培育主体责任，把培育工匠精神纳入学院改革发展重要议事日程，成立由校长任组长、分管副校长任副组长、有关部门负责人参与的工匠精神培育工作领导小组，建立教务部门牵头，学生工作处、团委等部门齐抓共管的工匠精神培育工作机制。

二、政策保障

我国应深化市场准入制度改革，及时进行产品质量和服务标准更新；推行企业产品和服务标准自我声明公开和监督制度，强化企业社会责任；提高工匠地位待遇，落实技术技能人才的医疗、养老、就业等政策；落实就业保障制度，创造各类人才平等就业的环境；推动职业院校毕业生更高质量、更充分地就业，降低技术技能人才流向其他领域的概率；在一定范围内实行技术职称晋升与职务聘任挂钩；鼓励企业对高技能人才设立职务津贴、特殊岗位津贴，根据现行国家法律法规相关规定，对一些达到要求的高技能人才实行股份、期权等奖励；完善职业技能鉴定机构资格认定工作，加快构建职业资格证书和职业资格相结合的证书体系；增加技术技能人才在有关表彰和奖励中所占比重；加大对技能型人才队伍建设的政策扶持力度；鼓励企业等用人单位依据国家有关规定，对技术技能人才建立表彰奖励制度；加大对职业院校教师职业技能提升活动的投入力度，完善培训体系建设；根据国家有关规定，拟订国家高技能人才选拔的标准、办法，遴选不同层次、不同类型的第一线能工巧匠、技术能手，鼓励他们到一线岗位上建功立业，将自己的技艺传承下去；引导职业院校与企业开展联合办学、共建实训基地；厘清行业对职业教育扶持责任，以及企业介入职业教育社会责任，构建激励与制约机制，强化校企合作，促进产教深度融合；通过直接拨款或税收减免方式给予企业人才培养费用补偿，提高企业参与人才培养的积极性。

三、环境保障

（一）营造良好氛围

我国要在全社会弘扬工匠精神，提高社会对工匠价值的认识和对工匠精神的认同，在全社会形成"崇技尚艺"的良好氛围；加大工匠精神的宣传力度，深入挖掘和大力宣传高素质劳动者和技术技能人才的先进事迹和重要贡献，宣传"爱岗敬业、精益求精、勇于创新"的工匠精神；引导社会形成尊重劳动、尊重知识、尊重技术的观念，让大众学会尊重创新，确立劳动是最光荣伟大和美丽的观念；建立靠辛勤劳动和诚实劳动才能创造美好明天的思想，推动形成"劳动是光荣的，技能是可贵的，创造是伟大的"的时代风尚，增强工匠精神在社会中的影响力与吸引力；通过学校教育、企业培训以及媒体宣传等多种渠道强化职业精神教育；探索出一条行之有效的途径与方法，形成职业精神培育常态化，长效化机制，大力培养崇尚劳动，兢兢业业、创新务实的精神等；充分发挥实习实训的作用，强化学生安全意识，纪律意识，养成良好职业道德；加强职业技能竞赛工作，营造浓厚的育人氛围；教育和引导同学们牢固确立强化技能，服务群众的理念，要学会奉献社会，这是一种崇高的职业理想和理念，是对职业责任、职业使命等方面的深入理解和认识。

（二）提高工匠地位

为了努力转变社会对职业教育和工匠的看法，形成劳动光荣、尊重技术技能人才的良好社会风气，形成尊崇工匠、争做工匠的职业价值取向，促使更多年轻人坚定自己的职业选择，义无反顾地投身到技术工作中去，应提高工匠待遇，消除工匠的后顾之忧，让工匠专注于工作，忠诚于职业选择。

（三）举办职业院校技能大赛

职业院校技能大赛及职业教育宣传周活动，是对职业教育工匠精神培育过程、培育典型案例、培育质量的全面展示和宣传。我国要完善各级各类技能大赛制度，扩大职业院校技能大赛的专业覆盖面；要将技能大赛内化到日常教学工作中，作为一种常态化工作；通过"以赛促教、以赛促学、以赛促改、以赛促建"的方式改革人才培养模式，提高教学质量，提升职业院校的核心竞争力和影响力；通过技能大赛，给予优秀的技术技能人才以表彰和荣誉称号，使其获得来自社会和市场的肯定和褒奖。

四、经费保障

（一）加大财政性职业教育经费投入

通过调整优化财政支出结构、加强规划、制定标准等措施，我国加大各级政府对职业教育的投入。国家要加大经费投入，优化教育经费支出结构，加强对职业教育工匠精神培育的经费支持；充分发挥财政资金的引导作用，加大对培育的重点领域的投入，要给予工匠精神培育贡献较大的职业院校和行业企业更多的经费支持。地方政府要建立工匠精神培育经费绩效评价制度、预决算公开制度等；做到职业院校工匠精神培育师资、平台等建设信息的公开。职业院校要优化支出结构，统筹学费收入及其他各项事业收入资金，加大对工匠精神培育项目的经费支持力度，提高资金使用效益。

（二）积极引入社会资本

国家应鼓励社会各界，特别是相关行业企业参与工匠精神培育，支持校企合作，整合社会资源，缓解政府主导的办学压力，为技术技能人才培养注入活力。职业院校要多渠道筹措经费，扩大社会合作，形成多元化投入、合力支持的格局，主动与具备条件的企业在人才培养、技术创新、就业创业、社会服务、文化传承等方面开展合作。

（三）加强资金监督

落实专款专用，能确保经费用于学生职业能力培养、师资队伍建设、课程开发、实训基地建设等方面。政府要对资金使用的全过程进行监督、检查，明确各方责任，对资金使用不当的情况进行责任追究，并予以纠正，明确资金使用规范，切实为工匠精神培育提供保障。职业院校要制定相应的管理制度，加强经费管理，强化有关职能部门管理、指导、监督和服务的职责，对经费的使用进行检查与审计，并对经费使用效益作出评估。

五、人才培养体系保障

（一）改革与创新人才培养模式

高职院校应结合职业教育人才培养的特点，不断深化人才培养模式改革，提高学生职业素养和职业能力，强化学生的专业技能，使学生养成爱岗敬业、精益求精、勇于奉献的职业精神。高职院校要结合经济发展对技术技能人才职业素养的要求，按照专业设置与产业需求对接、课程内容与职业标准对接、教学过程与生产过程对接的要求，由校企双方共同研究制定人才培养方案，及时将新技术、新工艺、新规范等纳入人才培养标准和教学内容，与时俱进地调整人才培养目标、培养方案、教学内容及考核标准。

（二）建设职业院校"双师型"教师队伍

下文对"双师型"队伍建设进行简要介绍，本书将在第五章第四节进行具体论述，在此不再赘述。

高职院校应引进院士、国务院特殊津贴获得者、省级以上技能大师等高层次、高技能人才到院校担任大师、名师和专业建设领军人才；遴选和打造具有高尚师德、高超技艺和优秀教学能力的技能大师、教学名师、专业（群）带头人、青年骨干教师等高水平人才队伍；定期选派教师到企业下厂顶岗、挂职锻炼，到国外进修学习；建立职业院校兼职教师库，联合行业企业，聘请企事业单位高技能人才、能工巧匠、非物质文化遗产传承人等到职业院校担任兼职教师；推进教师教学创新团队建设，开展协同创新、联合攻关，实现师资整合、资源共享、优势互补；加强国家级和省级"双师型"教师培养培训基地建设，发挥基地资源共享、开放服务的作用，在教师培养培训、团队建设、科研教研、教学资源开发等方面提供支撑和服务；挖掘师德典型，讲好师德故事，大力宣传职业教育领域内的"时代楷模"和"最美教师"，弘扬劳模精神。

（三）搭建校企合作平台

各级政府应继续支持行业企业、科研机构、职业院校共同组建职教集团，以平台为载体，统筹多方资源，强化校企协同育人机制，推动教育链与产业链有机融合。高职院校应加强校企合作平台建设，架起学校与企业之间的桥梁，有效整合学校和企业的教育资源，通过职教集团、协同创新中心、工匠培养基地等多种平台，打造工匠精神培育校企命运共同体，推动职业院校工匠精神培育工作。

第三节　高职院校培育工匠精神的评价体系

一、高职院校构建工匠精神培育评价体系的方法

（一）强调工匠精神培育的过程评价

评价的主要目的不仅在于评判，更在于发挥激励与导向作用。职业教育对学生进行工匠精神培育的目的，不仅要让学生明白工匠精神的内涵、意义，更要让学生在学习、生活和工作中时刻以工匠的标准要求自己，将职业行为规范落到实处、落到细处，努力践行工匠精神。因此，职业教育工匠精神的培育既要注重终结性评价，也要注重过程性评价。终结性评价侧重的是最终的结果，是对职业教育工匠精神培育效果的总体判断，从学生的培养质量、用人单位的反馈意见等方面体现。工匠精神培育的过程性评价主要包括以下三个方面：一是阶段评价。职业教育工匠精神培育贯穿于教育教学始终，落实到教育教学的方方面面。学生在校期间，根据人才培养目标、专业培养方案及企业岗位需求的不同，教育目标既具有一致的连续性，又具有相对的阶段性，因而职业院校、企业、第三方评价机构等可以根据不同阶段的教育目标组织理论、实践教学效果评价。二是课程教学过程评价。在确定学生培养的阶段后，依据人才培养方案和目标，将工匠精神培育目标进行细化和分解，以主题教育为统领、以情境任务为导向，将其融入课程教学过程中，并随课程教学进行评价与考核。三是全方位教育过程评价。除了教学与学习，职业教育培育工匠精神受管理、生活、文化氛围等多重因素的影响，因而职业教育工匠精神培育的评价也涉及学生的日常行为、社会实践等多个方面。

（二）社会和行业需求融入评价标准

科学合理的评价标准体系对评价结果的有效性有着直接影响。工匠精神的培育与社会、行业、企业关系密切、职业教育工匠精神培育的评价自然也要将

社会、行业、企业的需求考虑在内。因此，建立工匠精神培育评价标准体系需要基于广泛、深入的社会及用人单位的调研结果。

工匠精神培育评价标准体系的构建必须基于职业岗位标准，评价指标要能反映学生的职业素养与工作岗位需求的匹配程度。与此同时，工匠精神培育评价标准体系的构建应具有前瞻性，在反映行业、企业的需求标准的同时，紧跟行业、企业发展方向，尽可能适度超前，引领行业和企业的发展，在促进产业发展的同时，也使学生能够实现职业生涯的可持续发展。

（三）牢抓高职教育工匠精神培育评价特性

职业教育工匠精神培育评价具有以下特性：一是多元性。职业院校人才培养质量受多方影响，工匠精神培育评价的主体应具有多元性，即应包括学校评价、行业和企业评价、第三方评价、学生自我评价等，应设置统一的量化标准，合理分配评价权重，保障职业教育工匠精神培育评价的客观性、真实性和有效性。二是全面性。职业教育工匠精神的培育是一个持续、长期、渐进的过程，在时间上具有长久性。同时，职业教育工匠精神的培育涵盖环境、个体差异、教育等多重因素，是环境影响、学习教育与个体内化等多方发展的结果。因此，对职业教育工匠精神培育的评价应包括学生的日常管理、理论学习、实践训练、道德表现等多个方面。三是可操作性。评价指标体系是实施评价的参照与标准，应具有可操作性。高职院校应严格筛选核心评价指标，抓住问题的核心要素，并针对不同指标，灵活运用多重评价方法，做到客观公正，减少评价的主观性，保证评价的客观、真实和准确。

二、高职院校工匠精神培育评价指标体系

确定评价指标体系，是建立职业教育工匠精神培育效果评价模型的基础。评价指标体系应结合用人单位、高职院校及毕业生三方需求，从实际操作角度出发构建。评价指标体系应包括职业意识、职业知识、职业能力 3 个一级指标。职业意识包括政治素养、品德素养、职业理想 3 个二级指标；职业知识包括通用知识和专业知识 2 个二级指标；职业能力包括专业技能、创新能力、行为能

力、社交能力、发展能力 5 个二级指标。职业教育工匠精神培育评价指标体系，如表 5-3-1 所示。

表 5-3-1 职业教育工匠精神培育评价指标体系

一级指标	权重	二级指标	权重	观察标准
职业意识	40	政治素养	16	爱国爱党，愿意为社会主义现代化建设贡献力量
		品德素养	12	具有正确的世界观、人生观、价值观，具备诚实守信、公平正直、吃苦耐劳、文明礼貌、勤俭自强等品质
		职业理想	12	了解行业文化，树立职业理想，明确职业目标，初步形成职业道德观念
职业知识	30	通用知识	12	文化基础好，知识面广，通识课的知识学得扎实
		专业知识	18	专业基础知识和技能常识掌握到位；专业知识面广；专业核心课的知识学得扎实
职业能力	30	专业技能	8	具备运用理论知识指导实际操作的能力，动手能力强；能够取得职业资格，并与岗位要求实现无缝对接
		创新能力	7	具有创新意识和创新志向，有初步的技术改革、管理改革能力和可持续发展潜力
		行为能力	5	具有良好的团队精神和合作意识，能与人和谐相处，团结协作；有很强的事业心和主人翁责任感，追求崇高的职业理想，对学习和工作态度认真、恪尽职守、精益求精，具有奉献精神；能够自觉遵守规范和履行义务，勇于承担责任
		社交能力	5	为人细心，善于与人交往，掌握一定的化解矛盾、增进合作的知识和技巧；能积极参与和组织开展各种社团活动、文体活动，具有管理与协调能力
		发展能力	5	有进取心，能正确对待批评，遇到困难有信心克服，抗挫折能力强；对学习和工作充满热情，为人务实，有毅力

我国的职业教育是学校本位职教模式的典型代表，其特点是以职业院校为主体，行业、企业积极参与，坚持产教融合、校企合作这一育人主线。构建职

业教育培育工匠精神的学校模式应以工匠精神内涵的充分解析为基础，结合职业教育育人目标要求，重构职业院校人才培养目标，提出工匠型人才培养目标的具体要求。在工匠型人才培养目标的指导下，结合行业、企业、文化发展等要素判定职业院校工匠精神的培育内容，选择行之有效的培育方法。在培育完成后，对培育效果进行评估，查找问题，不断改进。我国职业教育培育工匠精神的学校模式，如图 5-3-1 所示。

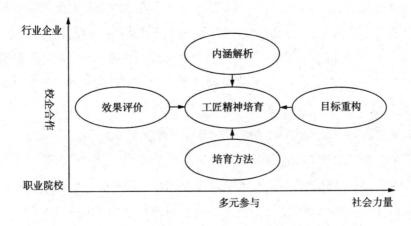

图 5-3-1　我国职业教育培育工匠精神的学校模式

第四节　高职院校培育工匠精神的教师队伍建设

一、职业教育"双师型"教师队伍的发展演进

（一）分类别建设职业教育教师时期

在这一时期，职业教育的教师队伍建设的最大目标就是增加教师的数量。这一阶段的队伍发展呈现以下特点：

第一，对教师的各类培训单独进行，将教师按照特点划分为文化课教师、专业课教师、实习指导课教师三类。其中，文化课教师的培训主要负责主体是高等师范类学校，剩下的两类由办学部门负责。专业课教师的培训教师任职资格必须是职业教育以上的学历，可以接收高等专科学校的培训，包括职业大学。最后一个实习指导课的教师多聘请一些企业的高端技术人才，一些表现优异的毕业生也有资格担任。在法律层面上，国家还颁布了《教师法》和《教师资格条例》。这两部法律涉及了职业学校的教师，规定了其法律地位和类型特征。

第二，由于这个时期正处于计划经济的时期，培训也就具有了计划性。高校的大学生毕业后由国家负责分配工作，中等专业学校的教师由教育行政部门配备，有的是根据需要进行定向培养，毕业后仍回原来的单位任教。

第三，劳动部门在师资的培养过程中发挥着重要的作用。在这个时期，职业学校和企业之间的联系要比现在紧密得多，双方是合作的关系，企业大部分情况下都积极参与，这种情况持续到 20 世纪 90 年代，企业都对学校的师资培养发挥重大作用，甚至很多职业学校的开办主体就是劳动部门。

第四，职业教师在这个阶段有着十分广泛的来源，开放性很高。职业院校的教师可以从大学生和专科生中选拔，一部分留校生和企业的职工、劳动部门的工作人员都有资格担任。这种广泛的来源虽然使得教师的数量增加了，但也要在确保数量的同时提升队伍的质量。

（二）"双师型"教师队伍建设时期

我国"双师型"教师队伍的建设期为 1995 年到 2014 年，职业教育教师的成长特点有以下几个方面：

（1）国家对于职业学校教师队伍的建设越来越重视。在 20 世纪 80 年代前期，职业学校的教师队伍不再单纯依靠劳动部门分配，主要是办学部门和学校自行解决。到了 20 世纪 90 年代后期，国家对职业教育的发展给予了更大的关注，注重培养职教师资。普通大学和独立的职业技术师范院校以及职教成立了师资培养培训基地，形成了综合性的职教师资培养培训网络体系，明显增加了职教师资的培养主体，培养能力也不断增强。

（2）国家对于职业学校教师的管理，已经从分类培养转向了"双师型"教师的培养，培养既有丰富理论知识，又有精湛实践技能的人才。"双师型"教师既可理论课教学，也可实践操作课教学，提高了对教师素质的要求。

（3）职业教育教师队伍建设目标已经从寻求数量的增加转向寻求素质提高。职业学校教师队伍经多年建设，已取得长足的进步，在职业教育教师队伍建设中，增加"双师型"教师所占的比重，改善职业教育教师的学历结构、提高实习指导课教师所占的比例，增强教师的思想政治修养，建设的奋斗目标已经转向了造就一支优秀的"双师型"教师队伍，提高教师素质，成了职业教育教师队伍发展的方向。

（4）国家对于职业学校教师的培训更具有导向性，同时也更加具体和专业。明确了各级政府在职教师资培养方面所应承担的职责和任务，为今后职业学校师资队伍建设提供有力保障。21世纪初，我国制定了"十五""十一五""十二五"职业教育教师发展规划，把职业教育的生师比、"双师型"占比、实习指导课教师的比例目标进行了细化，操作性增强。在"双师型"师资队伍建设期间，国家更重视职业教育教师素质要求。职业学校教师的培养培训走向体系化，培养培训路径更多元，不只是短期培训，也可进行学历提升，职业学校师资队伍建设更专业。

（三）卓越职业教育教师队伍建设时期

职业学校师资队伍建设，经历了一个从追求数量扩充到质量提升的发展历程，顺应了职业教育教师队伍建设与发展的规律。卓越职教师资是指具有良好职业道德、专业知识与技能、较强教学能力和科研能力等综合素质的专业技术人才，其培养模式包括职前培训、在职提升与继续教育三个阶段。卓越职业教育教师属于"双师型"教师，表现出如下特征：

1.卓越教师是实现优质教学的关键

卓越职业教育教师的培养符合国际对高效教学的追求、对教育质量精益求精的需要。为了提高教育质量，英国政府发布《实现我们的潜能：教学卓越、社会流动和学生的选择》，改进教师的素质来改进教学质量，推动学生就业。

2. 培养目标定位

卓越职业教育的教师其要求的能力自然比较高，要具有师范能力，知识能力和实践能力，最后还要具有工程能力，它的培养定位在于高水平的"双师型"教师，是满足我国职业教育现阶段发展需要的结果和要求。

3. 培养主体多元

卓越职业教育教师的培养主体包括政府、培养院校、企业、职业学校。四者协同培育，增强人才培养有效性和针对性，帮助提升人才培养质量。

4. 人才培养模式创新

四主体协同培养也可以称为 G-U-E-S 协同培养，G-U-E-S 协同培养是职业教育师资培养的创新模式，教师的教育经历影响着其执行实施的过程，卓越职业教育教师会参与到企业实践的过程中，还需要去职业学校见习，其目的是加强自身知识，实践和工程能力的培养，教师具备了这些能力后，所培养出来的学生同样会受到影响，有利于加强学生就业能力培养，促进人才培养质量的提升。

二、国外建设"双师型"教师队伍经验

（一）德国"双师型"教师队伍建设经验

1. 严格的准入制度

严把职业教育教师准入制度，确保教师具有更高水平的专业性。德国职教教师准入制度由两个部分组成，分别是岗前培训及岗前培训考试。想要从事教师职业的人，只有经过岗前培训考试，才有资格称为名副其实的职业教育教师。岗前培训包括职业培训与企业实践两个大的方面，旨在让那些将要从事职业教育教师的人，更加清楚地了解职业教育，并且直观地认识企业现状以及人才需求。岗前考试，确保职业教育师资质量。岗前考试是由岗前的两次国家考试和岗前企业的实践考试与见习几个环节组成，考核合格，才能从事职业教育工作。

2. 完善的继续教育制度

教师职前培养在德国职业教育中并不是唯一一个受到重视的方面，德国更加重视对人们的继续教育。德国有着严格的继续教育制度，这确保德国职业教育教师课堂讲授的教学内容和教师自己掌握的实践技能符合企业发展的需要。德国现已建立了国家层面职业教育教师培训的法律保障，还包括地方职业教育专职培训机构对教师进行培训的制度。同时，政府还制定有一系列法规，确保职业教育教师继续教育工作的顺利进行。包括《职业教育法》《教师培训法》《教师培养教育法》《学习法》等，这些法律法规规定了职业教育教师继续教育问题。从法律上看，职业学院和高等专科学院教师都必须经过专业发展培训。在法律的要求下，职业教育教师每隔两年必须脱产进修一次，并且把脱产进修同个人薪资待遇和其他物质利益相关联，教育部门负责培训费用。此外，在学校中也有专门的教师培训部，负责具体开展教师继续教育工作，并且制订了详细的教学计划和考核标准，为教师提供必要的指导以及帮助。德国政府已成立若干专职培训机构，为教师提供继续教育或举办有关培训，这些单位为教师制定的严格管理和考核制度，确保了他们参训的素质。与此同时，专职培训机构也结合国家经济发展的实时情况，对培训内容进行了适时增补。在某种程度上，培训的时代性得到了保障。

3. 较高的薪资水平

德国职业院校的师资队伍得以稳定发展，得益于他们给教师提供的丰厚薪资待遇。目前，德国职业院校的教师可分为两类：一类是职业学校教师，另一类是企业培训师，职业学校的教师，按他们所担负课程的不同，也可分为理论课、文化课和实践课的三种教师。在德国职业教育师资队伍里，教师享受到的薪资待遇水平不仅高，而且还格外稳定，尤其是那些担负理论课教学任务的教师。这个群体的薪水按由低至高的顺序排列，可划分为 A13—A16 等级，剔除净工资，结合所得到的多种补贴项目，最终工资待遇水平大大超过普通学校同级别教师的工资待遇。

4. 广泛参与的企业

德国职业教育所推行的"双元制"模式中，"双师型"教师队伍是最典型的。在"双元制"教育模式中，我们的职业教育可以学习的方面在于，企业普遍参与度较高，企业发挥着举足轻重的作用。德国企业既担负着职业院校教师职前培养的任务，还担负着教师职后教育和实习期间的一些职责。德国《职业教育法》中提到，行业和企业既担负着职业院校大学生实践教学的重任，同时也肩负着教师实践的任务。这样既保证了职业院校教师能够及时了解本行业最新技术，还促进了教师实践技能的发展，确保教学内容跟着企业需求更新。

（二）日本"双师型"教师队伍建设经验

1. 严格的教师任用标准

制定严格的教师任用标准，确保了建设"双师型"教师队伍的顺利实施。日本专修学校教师任用标准明确，其标准以《专修学校设置基准》为准。从专业技术职务聘任、教学能力考核以及教师资格认定等方面都进行了相应的制度设计。就专职教师的任职而言，教专业课的教师、教高等课程的教师、教一般课程的教师，任职条件是不同的，但无论哪个类型的教师都要确保教师实践技能水平，因此在标准中有规定。此外，专修学校还没有正式雇用他们任命的教师之前，要求专业课教师须拿到"双证书"，也就是教师资格证书和专业技能证书。日本于1988年修订和完善了《教育职员许可法》。这次修订是为了吸引社会优秀教师投身职业教育教师队伍，允许一些没有教师资格证书，但理论知识丰富，技能水平较高的人也有机会参加职业教育师资队伍，给职业院校的发展带来新鲜血液。

2. 完善的教师培训

虽然日本专修学校对教师的准入要求十分严格，但教师的培养是促进教师专业发展的一个重要途径，可以促进"双师型"教师队伍全面素质提高，为职业院校教师，包括专修学校教师，提供一些培训机会，是提高职业教育教师专业发展能力至关重要的措施。在确保教师培训工作顺利进行方面，日本不但颁布了有关法律制度，以维护教师进修权益，职业能力开发大学也被建立起来，成为职业教育教师培训的专门机构，为教师提供培训，与此同时，国立大学也设立职业教育教师工业教员养成所和其他培训机构，对高职教师培养提供相关机制保证。从体制上看，日本有完善的职校教师在职培训体系，参训职业教育教师群体中，既有新入职教师，也有历届教师。这些历届教师按教龄还要进行划分，包括教龄 5 年、教龄 10 年和教龄 20 年的类型，这些教师的进修培训在每个阶段都单独安排。

三、基于工匠精神的"双师型"教师队伍建设对策

（一）国家层面的对策

1. 舆论宣传

从国家层面来看，有关部门应开展职业教育导向型宣传工作。这种高水平的舆论导向，才可以唤起整个社会对于职业教育的认识与关注。国家应加强教育改革，提高职业教育的地位，弘扬工匠精神，使人们具有踏实稳重、锐意进取的价值观取向；加强专业建设，强化技能教学是高职院校培养技能型人才最重要也最基本的环节。在教学中融入工匠精神，培养高技能人才。提升"双师型"教师的社会地位，使整个社会在工匠精神的引领下，以职业教育为荣，增强舆论导向正确性，使高职教师产生高度自我认同感，不断提升自己的理论知识水平，增强实践能力。

2. 政策倾向

提高师资队伍的素质，是个复杂且艰难的课题，上至国家，下至社会各界，均需予以高度的关注和充分的支持。"双师型"教师队伍建设与教育部，各教育协会以及国家对这项任务的重视程度紧密相连，建设"双师型"教师队伍要有国家的制度、政策、经济和其他各方支持，使学校可以依照标准行事。同时，学校要与政府密切配合，适时制定"双师"素质教师资格认证的准入标准，执行时严格把关，才能保证高职教师都是达标的。

3. 资金支持

构建高职院校师资队伍，无论从哪一个环节看，都离不开经费的投入。在学校的角度应该采取的措施，包括建设实训培训基地，负责学生实习实训费用，还要鼓励企业高级工程师来校为学生培训等。在企业的角度上，政府要对企业进行资金扶持，并且在政策上予以支持，为企业的培训便利实施各种优惠政策。比如对于那些完成了培训任务目标的企业，根据绩效考核结果，政府可以给予部分税收减免，增强企业对教师培训的热情。

（二）学校层面的对策

1. 重塑办学理念

（1）德技并重理念

随着社会经济不断发展以及人们生活水平的日益提升，高职院校毕业生的就业率成为各高职院校重点关注的问题。因此，高职院校要对办学理念更加重视，达到德技并重，理实一体的目的，学历与素质相匹配，这一发展理念可以塑造学生职业操守、人文素质，达到培养学生的现代工匠精神的目标。

（2）精业创新理念

在社会经济日益发展的今天，在高度国际化、智能化的情况下，各种竞争日益激烈，在中国大力发展经济强国的形势下，面对制造业强国目标，我们更需要具备创新精神和创新思维的人。高职院校一定要注重培养教师和学生精业创新思想。精业创新，在工匠精神中十分重要。所谓精业创新理念，就是高职院校强调培养师生精益求精的从业态度，养成敢于创新的精神。唯有敬业，方能精业，唯有精业，方能革新。当前我国大部分高职院校对教师进行管理时，都重视对敬业精神进行培育，但在中国经济不断发展的今天，社会需求在变，特别是我国引入大国工匠的精神，在创新创业的发展大环境中，培养创新精神势在必行，因此学校还应改变办学理念，进行统一化、模式化的改革，采取鼓励式、启发式、体验式人才培养方式。与此同时，高职教师要着重培养学生的创新精神。

（3）终身学习理念

法国终身教育理念倡导者保罗朗格朗指出，有些活动形式只需频繁连续运用，则不但不随年龄变化而退化，反之，其技能会不断提升。

以终身教育的思想为指导，高职教师应该坚持开展自主学习，并随时代发展而适时更新其理论与实践知识体系，教出的学生才会顺利发展。职教教师既然选择高职教师这一职业，就必须肩负起教书育人的职责。作为一名高职教师，不仅要传授专业知识还要教授专业技术，塑造良好的人格，培养合格人才。高职院校大学生在校学习时间较短，真正体现出学生们品质的是他们的职业成长历程。所以，高职教师要将终身学习发展理念灌输给学生，让学生养成终身学习的意识和习惯，指导学生职业发展规划的制定，促使其实践终身学习行为习惯，体现大国工匠的精神。

2.组织教学能力大赛

（1）教学能力大赛

学校教育的主要场合是课堂，课堂上教师教学能力的高低是影响教学质量高低的一个很重要的因素。因此，为了保证学生能够获得高质量的知识技能，就需要不断提高教师的课堂教学能力。为了促进教师教学能力发展，应着重培养"双师"型能力教师。因此，高职院校应积极开展校内教学能力大赛创新活动，比如课堂讲课比赛，教案编写大赛、实验实训大赛等。另外，各校也要根据教师不同的水平、不同年龄形成标准，给教师制定提高教学创新能力的具体任务，使教师走出舒适区，也没有给他们压迫感，这类比赛的氛围十分和谐，更能调动广大教师改革与创新的热情。

（2）校本课程开发大赛

学校在校本课程的开发上，可以将工匠精神融入人文素质课程、思想政治课程、专业课程中，增强教师进行工匠精神与其他教育理论结合探索的兴趣和热情，使教师不知不觉中就能学会工匠精神的相关理论，内化于自身价值，达到不断更新教师教学理念与职业理念的目的。

（3）信息化教学能力大赛

高职教育教学方式在信息技术飞速发展的冲击下其变革也日益显著，同时，信息技术的发展也对"双师型"教师带来了重大挑战，也就是高素质"双师型"教师增加了一个新的考核标准，就是提升信息化教学能力。因此，为了更好地培养出更多优秀的"双师型"和"应用型"人才，必须加强信息化教学建设。学校应加大教师信息化教学能力培养力度，也可进行项目化的教学大赛，或者经常举办翻转课堂比赛、PPT 课件制作比赛、微课制作大赛等，可以提升教师信息化教学能力，并且不断创新授课方式，培育工匠精神。

3. 规划人才引进

（1）制定明确的选拔标准

各行业职业都有自己的标准，并且大部分都十分严格，高职院校也是如此，必须要制定出一套清晰、科学的教师选拔标准。另外，高职院校还要积极挖掘已有社会资源，和企事业单位、科研机构、优秀高校、人才市场等建立紧密的联系。同时，高职院校在选拔教师的时候又要依据清晰的准则、正规程序严格挑选，力争选拔上来的教师都是过关的。在选择了拟聘用的教师之后，高职院校还可以学习企业设置实习考察期，考察和评估这些实习期的教师，包括他们的思想政治状况、专业理论与实践技能水平等方面，经过一定时期的观察与评价，考察期满考核优秀者由校人事部门予以肯定，经主管院长的批示正式聘用。建立这样严格的人才选拔制度，更能实践工匠精神。高校应确保教师队伍人人是精兵，保障高职院校教师的质量。

（2）进行岗前培训

兼职教师还没有正式走上工作岗位，要在上岗前开展岗前培训。尽管所选教师本身的能力优秀，但在教学上所面临的教育对象多为 18 岁左右的学生，而高职生心智并没有完全成熟，学生的学习能力和领悟能力与企业的员工是不一样的。所以高职教师有必要具备教育学理论、教育心理学理论、教学方法等。由于兼职教师一般教学经验不足，进入学校以后，学校应在有关方面加以训练，让兼职教师很好地把握高职生的特点及教育发展规律，开展有效教学活动，最终成长为优秀合格的"双师型"教师，保障高职教育应用型人才培养。

（3）加强管理与考核

高职院校聘请兼职教师之初，其成本投入就很大，以确保兼职队伍在教育实效中更好地发挥作用，学校应加强对兼职教师后期的评价和管理。为此，学校人事部门必须履行规定薪酬待遇，以此为依据严格考核兼职教师。各高职院校要组成专门检查组，强化兼职教师管理和评价，应定期或者不定期地前往实训地的教学现场、上课教室，对兼职教师教学、实操指导的状况进行了解考察，也要对他们的科研与教学改革、专业建设等考评。另外，专门检查组也可以利用学生，让学生填写对教师评价的调查问卷，形成对教师考察的综合评价。

（三）自身层面的对策

1.增强自我认同

小学课文中，我们学到古人对教师的诗词描写，比如"春蚕到死丝方尽，蜡炬成灰泪始干"等，可以看出从古代开始，人们就有了尊师重教的理念，并且肯定教师的辛苦和崇高，而这首诗歌正好体现了教师这一职业中的工匠精神。教师的人生目标可以看成是"桃李不言、下自成蹊"。运用马斯洛需求层次理论可以对教师的人生目标进行更为透彻的解释。马斯洛需求层次理论认为，只有在低层次需要得到满足之后，人才会不断地在最高层上寻求自我价值的实现。人在不同阶段有各自的发展特点和内在要求，教师作为人类灵魂工程师，其专业素质的高低直接关系到教育事业的兴衰。在高等职业教育领域中，多数教师职业道德高尚，人文素养良好，但是仍然没有达到工匠精神的层面，要在自己的层面上不断努力，达到高水平职业认同感和自豪感，最终实现职业道德的至高境界。与此同时，高职教师还应该意识到，教育在不断地更新，自己的教育观念也要随之更新完善，提升自身素质和专业技术水平，实现自我的价值。

2.加强同行交流

当前的时代是一个知识大爆炸的时代，也是一个信息大爆发的时代，不断开辟信息交流之路是时代发展的需要，促进人和人之间的交流是最为直接和行之有效的方法。无论哪一个行业，在这个时代都追求互相协作和资源共享，一起协同发展，作为培养应用型人才的高职教育更应如此。高职院校要将个人的埋头苦干与团队合作结合起来，增强工作的实效性。"双师型"教师应以互动式的方式进行学习，互相交换优势资源，获得自身发展。

3. 勤于反思

人们在知识与能力提高过程中，都会有一个由低到高的过程，由量变转化为质变。对高职教师而言，要想达到工匠般锲而不舍的精神，就一定要勤于思考、善于反思，可以做到学而不厌、诲人不倦。"双师型"教师是高职院校精英，因此他们的反思和总结更重要，还要对"双师型"教师理论知识体系进行研究，对照教学能力标准发现自己潜在的缺口，然后通过学术、科研、实操三方面一体化提升自我，在此后的教学中掌握教学理念，进行课堂教学设计与组织实施，经常采用新的教学方法，并对教学效果进行评价，成长为合格的"双师型"教师，达到提升人才培养质量的目的，彰显其职业价值。

第五节 工匠精神引领下高职院校学生职业素养培育

一、高职生职业素养概述

（一）职业素养概念

"素养"一词在我国古代即已出现。据史书记载，"素养"即是人的道德品质、学识能力等方面所体现出的综合素质和修养程度。《汉书·李寻传》中记载："马不伏历，不可以趋道；士不素养，不可以重国。"其中素养就是修习涵养的意思。素养是指通过训练与实践所获得的本领或能力，也就是个人生活中的行动、观念、知识及技能上所显示的综合品质。

在职业素养这一概念上，很多专家学者都对这种解释有较高的认可度：所谓职业素养，就是劳动者通过专业技能学习，在生产劳动等活动中而逐步形成的素养、比较稳定的职业道德、意志和职业行为与习惯等。职业素养是个人在长期的劳动实践中取得的，会在工作的过程中显示出内部规定性要求和外部行为等，这就是它的要素维度。通过职业素养的要素，我们知道素养是在长期劳动实践中取得的，从而具有稳定性和持久性，是一个人劳动过程内在的规定性要求，所以有内在性，就是个人积累经验，内化经验的成果。个体在劳动的各个阶段所表现出的行为特征是必然带有差异，因此，职业素养也具有可训练性和发展性的特点，也就是它的特征维度。如果从素质冰山理论角度出发，职业素养可分显性职业素养与隐性职业素养。显性素养必然就是水上的部分，包括职业技能等，而隐藏在水面下的冰山，多数都是隐性素养，包括职业道德、职业意识、职业行为三部分，这些内容在很短的时间里是不容易区分的，要等到长期的工作过程之后才体现出来，也就是它的结构维度。

这里对高职院校大学生职业素养进行了定义：高职院校的学生将来从事某一项工作所需具备的、经过长期的实践和训练而得到、拥有稳定持久性、可训练性等实质性个人属性，就是将各种品格特征、行为规范集合起来，包括职业技能，职业意识，职业行为和职业道德等。

（二）职业素养内涵

1. 职业技能素养

职业技能素养是由个人智力技能和动作技能水平构成，智力技能就是指个体的知识理论和思维水平，还包括问题意识和解决问题的能力。所谓动作技能，就是个体在练习和劳动过程中，反复演练出来的操作技能。

2. 职业意识素养

职业意识素养包括职业知识、职业态度、合作意识和忠诚程度。那么，什么样的职业知识才算是真正的职业素养呢？人们在从事各种职业时所必须掌握的有关专业知识和技能，所形成的关于职业的认识、情感和态度，就是职业知识。职业意识又分为职业基础知识、价值知识、生涯规划知识等，也包括对感情的认识和对理想的理解。

职业基本知识是职业院校大学生择业的基本依据，为就业奠定基础。通过对职业知识的学习，学生能够意识到职业本身的重要性，还能了解到每个职业所需要的定位，以及和自身相匹配的条件。对职业价值知识的认识，就是职业价值观，就是对职业平等的理解和认同感。生涯规划知识是对今后就业道路的基本构想；对职业情感的认知，是指人们对职业岗位的兴趣；了解自己的职业理想，是指认识和掌握事业阶段性目标。在职业生涯中，每个人都有一个清晰而明确的奋斗目标，也就为个体的职业规划和选择提供了方向与动力。职业理想，指人为满足内心的需要对今后职业道路的设想，包含了个人的职业理想和职业发展。

3. 职业行为素养

职业行为素养，是指一个人职业生活中体现出来的风格和拥有什么样的行为习惯，这些风格和行为习惯就是职业意识外在的结果，包括学习行为，日常行为和语言行为。良好的职业道德规范可以通过教育来提高人们的职业行为素养。道德教育能否取得成功，取决于天性、习惯与理智，行为习惯决定了道德教育中的养成，因此，职业行为素养构成了道德素养的重点条件。

（1）学习行为方面

学习行为包含着诸多方面的内容，这里面包含着刻苦钻研、严谨的态度；勇于创造，敢于创新，用行动表达研究的结果；严格遵守规则标准，强调效益，提高效率；经过重复操作、参与考试强化经验知识。比如，我国著名的漆艺大师钟宏云，从事漆艺工作四十余年，在他手法十分纯熟时仍然坚持每天练习、创造，根据他以前的工作结果，继续完善细节。现代社会，工匠对作品十分认真严肃，并且不断探索创新，将其专业知识融入操作中，严格按标准办事，保证效率。例如，竹编手艺人马吉林，他在编竹时严格遵守"压二挑二"，意思是压两根竹篾，那就挑起两根，编了一段时间后，就需要回过头来反复查看，确保编造准确，这类经验性的知识要经过不断地考验，经过无数次的反馈与自省才得以逐步练就。

（2）日常行为方面

在职业活动中，日常行为有注意仪表，保持工作环境的整洁和其他个人习惯，这些都是现代职场人必备的基本素养，而良好的人际互动又离不开良好的交往技能。从人与人的关系来看，具备沟通和组织协调的能力，能够合理调整协作与竞争。沟通能力是人与人之间在交往时表现出的一种协调能力，掌握正确的交流方式，可以保证工作高效。组织协调能力主要体现在处理好上下级之间、同事之间、同学间以及领导干部与下属之间的关系等四个方面，把工作任务作为动员、指派、控制、掌握和利用资源的起点，拥有实现工作目标的能力。这种能力让职业院校的学生进入职场后对工作情境的迅速适应、尽快熟悉工作流程。协作能力的形成以合作精神为基础，建立在大局意识之上，能确保个人与集体利益相统一，竞争能力就是能激发自己的竞争意识，和别人公平竞争。

（3）从语言行为方面

要规范语言表达，能够逻辑自洽，还要掌握待人处事的各种礼仪，具有一定的交际知识等。工匠们可以把操作流程、需要满足的条件和生产产品的精神态度加以说明，表达自己内心想法与看法的时候要按照某种逻辑来进行，在态度上保持诚恳，能够平和有礼貌。另外，工匠们应注重交际知识的应用，擅长对各类书面、网络的适应，可以适应通信工具和其他交流工具的更新，运用新的工具进行交流。比如，金华职业技术学校实施了"5S"管理，严格执行企业标准，开展实训和行为训练，提出了实训场所使用标准和操作流程，要求十分严格，但也只有这样严格的标准才能让学生养成良好行为习惯。

4.职业道德素养

之所以进行道德教育，目的在于通过实践与修炼，使个人形成公正、节制而有胆识等优良品行。职业道德作为职业伦理规范，在个体品德培养中具有举足轻重的地位。具体是指个人发展过程中，符合职业要求的品德和规范、道德情感和道德品质。

职业道德素养的具体内容包含四个方面，分别是职业品德、职业责任、职业纪律与职业胜任能力。其中，职业品德属于最基本的一个部分，它贯穿于整个职业道德教育之中，具体指一个人在工作中表现出的道德修养，包括对他人的尊重，可以诚信待人；职业责任，是工作者对工作需要的责任意识和敬业精神，责任意识中蕴含着对自我的认识，还要对他人与集体负责，还包括认识社会，认识工作等，也蕴含所具有的情感与态度等；所谓职业纪律，即工作者在工作过程中要遵守的一些规则和准则，如遵守合同的原则等，都是为了更好地完成任务而进行的行为规范；职业胜任能力是指一个人对其工作的驾驭能力，其专业知识与职业要求相适应。在高职院校开展隐性职业素养的培育具有重要意义，可以提高学生就业竞争力。如浙江工业职业技术学院在教学中植入思政案例，并在专业教育中融入职业素养的内容，以技能培养为平台，培养隐性职业素养，再运用案例教学这一教学组织方式进行教育。

二、职业素养与工匠精神的契合

工匠精神凝聚于参与的所有人，工作时要力求卓越的质量。这种精神同样应该在高职院校的学生中体现。高职院校要通过培育学生工匠精神来提升其专业核心能力、专业技能和职业道德水平，并为社会输送更多技能型人才。工匠精神与职业素养具有层次一致性，其特征也互相联系，更是高职院校大学生职业素养发展的考核标准与价值引导。有了以上基础，工匠精神拓展到职业素养培育上是极其可行的。

（一）职业素养与工匠精神的内涵相通

工匠精神的主体自然归于共进群体，这是工匠群体所具有的职业规范，就是职业素养的最高境界，对于高职生群体而言，所要培育的是工匠精神指导下的职业素养，也就是包含在工匠精神里的职业素养。

工匠精神与职业素养，这两者的内涵取向十分相似。职业素养是工匠精神形成的核心动力源泉。职业素养属于个人的属性，它是职业院校学生将来从事某一职业所要求具备的素养，这种素养必须经过长期的实践和训练而得到，因此拥有稳定持久性、可训练性，包括各种品格特征、行为规范，具体包括职业技能、职业意识、职业行为和职业道德。职业技能是职业素养培养的根基，职业意识属于职业素养发展的动力，最终表现为外在的职业行为，职业道德就是内化于心的一种因素。这四个方面是相辅相成、相互依存的，并且是通过如下形式来实现的。

在职业素养方面，职业技能为工匠精神提供了客观的物质载体。工匠精神的第一重境界是专业技能的把握，追求卓越的专业技能是职业素养之本；职业意识素养是由职业知识、职业态度、合作意识与忠诚度构成，是工匠精神的内在，这种内在在于专注、精雕细琢、态度严谨，而职业意识恰恰也蕴含其中；职业素养中的职业行为，属于工匠精神的外化，工匠精神是通过这些规范行为来具体表现的，在有一定技能水平之后能灵活应用规律；职业素养中的职业道德是从工匠精神中提炼出来的一种价值。工匠精神在价值层面上遵从内心等内涵，需要有高度的责任感，与职业道德中所突出的职业品德、责任意识、职业规范和职业胜任能力是对应的关系。

工匠精神与职业素养在核心内涵上具有一致性，因此这两者十分契合，二者在内涵层次上还指向各自的成长模式，它由技能层次、意识层次、行为层次与价值层次构成。一般来说，人们先掌握专业技能，慢慢地才养成专业的心态，即情感上的认同，之后发展出自觉性修为。这个阶段，人们开始寻求创新与审美，经过漫长的沉淀，对产品产生去时间化的追求。即使人已经不在，这个世上还能见到他留下的痕迹。这种过程是一个由"心"到"行"的转化过程，是对人自身内在力量的不断激发，而非仅仅依靠外界环境的刺激。整个成长模式是一环扣一环的，由此，工匠精神与职业素养之间发生逻辑耦合。

在高职院校职业素养培育中，要按照相关的政策指令来进行，响应号召，充实完善人才培养标准与方向。培养学生职业素养发展的大多情况下都在课堂上，所以需要将职业素养与专业课程、实训课程密切结合，而且这一组合是有前提条件的，也就是要督促学生养成关注职业素养，有必要找到这种突破职业素养培育的途径。工匠精神是国内外职业教育研究领域的一个持续热点话题，同时，也是高职生将来从事职业所必需的条件，所以，高职院校基于工匠精神的传承来实现职业素养培养内涵的拓展是非常必要和合适的。

（二）职业素养与工匠精神的特征相契合

冯友兰先生提出人生四境界，即自然境界、功利境界、道德境界和天地境界，自低到高的境界由个体的精神觉悟来决定①。作为一名工匠，最根本的要求就是要具有道技合一之特质，以技术掌握为前提，主要表现在坚定不移地追求人生境界，具有坚定的理想和信念。现代科技发展的特征之一就是社会功能的强化。在运用技术时，只有协调好人与人，人与自然的关系，才有可能实现最大的社会价值。这一协调意识正是工匠们必须具备的，体现了职业素养培育的目标。职业素养与工匠精神不只是在目标层面上的共性，在各因素特征层面上亦相吻合。

1. 生成性的技能水平

职业素养是自发生成的，具有主动性。我们知道，职业素养是个体在学习中获得并逐渐积累起来的，是从内在自发产生的素养，单靠外力就会缺乏自我主动性，将不能保持稳定。人对环境主动产生的力及被动承受的环境下的力统一后才逐渐产生经验，产生的经验包括主动成分与被动成分两部分，主动和被动相互结合，因此，积极主动参与能够获得更多的个人经验，由此逐渐催生出职业素养。在教学过程中培养学生自主意识是促进他们自我发展的关键途径。学生内在的自发性，是推动学生职业素养养成的最主要力量。

工匠精神的最大特点在于高超的技能水平，拥有精湛的工艺是工匠的基本本领。在这方面，马克思还提出，个人在生产或使用设备时，人的本性都是一种与技艺有关的创造性活动。作为一个有思想有理想有追求的人，职业素养与工匠精神有着密切的联系，但两者又具有不同的内涵。提高技能水平，要从心里产生，是要通过个体自愿主动完成的，通过外界经验的获得来实现相对的稳定，由此可见，职业素养与工匠精神具有生成性，相互契合。

2. 累积性的情感认同

职业素养可以不断积累。个人素养的存在靠学习和实践平台，还有参与活动等外显方式。当主体所涉活动发生变化后，他们的职业素养将随之改变，所以，职业素养培养要有一个较长的时间，属于一种周期性活动，以原有素养为基础，循序渐进积累。

---

① 冯友兰.三松堂全集 [M].郑州：河南人民出版社，2000.

个体进行本职工作的时候，拥有极高的并且可以积累的情感认同度，才会将这项本职工作持续进行下去。可以说，工匠精神的情感认同度就是工作持续性的先决条件。人的需求是不断发展变化的。依据动机理论，当人们进入更高层次后，人们的需求层次也会提高。因此，从心理学角度分析，工匠精神是一种自我激励的动力机制，能够促进个人不断追求更高目标并持续努力地实现自己的理想。在这种层次下，工匠有一种由衷的认同感，对工作拥有很高的激情，一直对发现、对探究问题充满好奇，对问题解决兴趣浓厚，产生内在的满足感。这种兴趣是具有连贯性的。工匠为了完成工作流程，积极寻求解决方法，并随时间积累逐步加大了对工作的情感投入，把本职工作视为奋斗终生的事业。职业素养和工匠精神所共有的可累积性，奠定了二者结合的基础。因为职业素养对周期的要求很长，可以慢慢积累，才促使他们在工匠精神学习上有了更深的理解。

3. 内隐性的文化自觉

内隐性是职业素养的特征之一。职业素养就是蕴藏在个人心中的素养，不能用外在标准来量化。由于具有内隐性，职业素养能让学生因习惯化而走上工作岗位，从心底高度认同和深度理解工作，就能快速适应工作情境。因为知识带有默会因素，基本上不能用文字语言来表达，也就是知识也存在个人性，职业素养的特点并不好用语言表达出来，是公认的，但不会用语言总结。就像野中郁次郎提出的知识螺旋理论一样，职业素养的形成就是历经社会化、外化、组合和内化，逐渐吸收掉隐性知识的过程。

工匠精神蕴涵着强烈的内部文化自觉性。默会知识构成了工匠知识库的核心部分。工匠要积极主动地积累知识，通过学习和在实践中内化获得的各种经验，向各个领域知识转化，然后归类，形成系统化的内容和技艺。通过不断积累内部知识，在技艺上形成了独到的见解，从而促进其创造力的发展。创造力是由创造认知力和创造实践力构成的，有了创造力，才会在设计上别出心裁，有能力优化和革新技艺，在品质上不断追求新的台阶。想要增强创造力，一方面，工匠要具备专业理论知识，这样才有能力继续之后的创造；另一方面要不断地实践训练，提高创造力是以技艺水平为前提的，通过无数次的练习和实践，可以把学到的精华加以提炼，在工作行为之中得到体现，成果出来之后才可以进一步反观自己，精进技艺，完成阶段式的升级。

职业素养的内隐性与工匠精神中文化自觉的内化是一致的，所以，我们可以在培养学生的职业素养时借鉴工匠精神中自觉修为。基于这种自觉修为，学生从中可以有意识地、积极主动地把知识与技能习惯化，内化为自己的东西，从而更好地提高自己的技艺水平，逐渐形成工匠精神。

4. 持久性的价值信念

职业素养具有持久性特征。职业素养是个体主动生成，并能够逐渐内化于心，这样就需要经过漫长的培养过程，对于个人自身基础条件有更高标准。职业素养养成后，便有了稳固性和持久性。

工匠精神蕴含了一种从一开始就热爱本职工作的信念感，即对本职工作充满了热情，支持心中事业理想，并为了实现理想，建立不同阶段的职业规划的精神。拥有工匠精神的这一群人，思考问题更加长远，用信仰和信念来支撑自己在自己选择的领域中长期的、集中的研究，能够不断学习，不断磨砺，然后掌握核心技术与技巧。价值信念是否持久，是工匠精神能否纳入职业素养培育的判断标准，拥有价值信念可以充分保证职业素养发展充满稳定性和长效性，帮助以工匠精神继承为基础的职业素养得到阶段性和持久性的提升。

（三）工匠精神是职业素养的评估标准

1. 评价方式方面自觉修为

工匠精神经过凝练，可以提炼出带有群体性特点的工匠文化。工匠文化是在不断地重复认识中发展起来的，并且通过融合共同性特征，可以确保相对稳定。因此，可以从文化视角来解读和把握工匠精神。浙江省龙泉市铸剑大师高师傅认为，学徒能否取得成功，关键在于"心性"。高师傅认为文化是铸剑之魂和技艺之首，一柄宝剑，就算是有很高超的制作水平，如果没了灵魂，则不可能是一把优秀之作。从文化层面来看，拥有文化涵养，宝剑才有魂，才会富有文化气息，文化是学徒在产品制造过程中所感受到的，需要洞察产品历史，感悟人生境界，文化对于认同自己的本职工作或者手艺来说，是必不可少的。在学习中，学习者应时刻保持一颗平常心，以自己的眼光去看事物，用自己的智慧去思考，并通过实践来检验。一旦在心中产生了责任感、使命感，那么即使没有他人的监督，同样可以有意识、积极主动地对待自己的工作。

为了提高学生的职业素养，必须让其形成自我约束的能力、塑造内在文化支撑，把工匠精神的自觉修为带入职业素养考核和评估中，才能确保考核落到实处。

2. 评价标准方面精益求精

工匠精神蕴含着工匠们对尽善尽美、精益求精的职业态度，也就是对本职工作要有足够的敬畏之心，谨慎而执着地把握工作细节。在这方面，日本的工匠精神可以借鉴学习，他们有一个共同的特质就是对工作精益求精，他们把自己的一生都奉献给了本职工作。1988 年，树研工业研制出十万分之一克的齿轮，并在六年内完成批量生产。到了 2002 年树研工业以此为基础开发了百万分之一克重齿轮，虽然这类齿轮现在还没有被业界利用的可能，但是研制出这种可能并不能利用的齿轮的支撑在于一种极致的追求，真正把所行之事视为是有生命和灵魂的，所以，工匠实现自我价值离不开他们内在的文化支撑力和超越功利主义的精神。

工匠精神所追求的精益求精，正好与高校职业素养这一考核标准相吻合，可以为职业素养的评价提供有力证据。基于此，吸取工匠精神关于行为标准方面的规定，可以发展学生标准行为品质，让他们获得创造力与审美力。

（四）工匠精神是职业素养培养的价值导向

1. 工匠精神是职业素养培养的价值方向

由于工匠精神所蕴含的信念感，才使得工匠们对岗位有着深厚感情，撑起了工匠不懈求索的事业巅峰，最终实现自我价值追求与社会价值。工匠精神是一种敬业奉献、精益求精、勇于超越的精神品质。拥有工匠精神的工匠对自己的本职工作十分尊敬，全心投入，也反对他人的不尊重。通过工匠对自己工作的信仰感、自豪感和奉献精神能够领悟出：职业没有高低贵贱之分，职业是平等的，是由各行业的人群在自己的职位上认真负责来表现的，应以自己的本职工作为荣。

2. 工匠精神是职业素养培养的源泉

工匠精神的最高境界，也就是用审美的眼光去看这个世界。这时工匠就可以从本职工作外在属性中解放出来了，把技术与"道"结合起来，使自己的技术具有与之匹配的价值，真正用一部分人的高水准来重新界定本职工作所对应的社会地位。在此过程中，工匠通过对产品进行艺术加工来实现自身价值与意义。工匠通过产品叙述等方式，充分展示了自己劳动的价值，由此得到了相应社会认同。有了工匠精神，这群匠人就能把自己所拥有的技术水平内化于"道"，内化于价值信念，然后外化为品质优良的产品，并获得与之匹配社会地位。

我们需要把工匠精神的自我挖掘和自主界定社会地位的观念，纳入高职生培育职业素养中，让学生形成正确价值观，确保工匠文化历史的延续。

3. 工匠精神是职业素养培养的土壤

工匠精神之所以能够经久不衰，最核心的原因在于它对事物"真"的崇拜和尊敬，这种抱诚守真，可以把人和物都融合在一起，加强人们之间的联系。工匠精神蕴含了一种自我审视，这样的内心观照，可以达到某种自我监察的目的，唤起个体责任意识，这样的自我内化、观照推动个人的境界不断提升，以极致为目标，由此持续地提高自身地位。

职业素养的生长需要特定的文化土壤与氛围，而工匠精神则是培育它的强大根基与土壤。在高职院校中融入工匠精神是时代发展的要求，也是人才培养模式改革的必然。把工匠精神融入职业素养培育，创造积极向上的文化氛围，能够有效地达到学生"抱诚守真"的目的。

三、基于工匠精神的职业素养的培养策略

（一）以工匠精神为切入点落实职业素养教育

培养职业素养作为一个系统工程，需贯穿于各环节中。一方面，高职院校

开设模块化课程具有必要性，要确定职业素养统一标准体系，为职业素养的培育专门建立职业素养培训部门，根据学生的实际情况制定适合每个阶段的教学方案，并在此基础上开展有针对性的职业技能训练。另一方面，因为高职院校以市场为导向培养人才，所以高职院校一定要和企业、社会合作起来，构建职业素养培养系统，把职业素养教育贯穿于每一门课程之中。传承工匠精神既要强调技术的应用能力，更要有权威性信息库与证书体系的形成，才能让职业素养发展在本质上体现行业诉求，从而彰显工匠精神内涵。

1. 课程设置模块化、标准化

高职院校学生开始学习之后，学校的目标是带领学生进入工匠精神层面，发展学生技艺认知和创造性实践能力。基于此，院校要在课程上设置标准化依据，制定一定的分层标准，建立基于工匠精神培养的职业素养培养部门。

（1）政府与校企制定统一的职业素养标准体系

发展离不开协作共赢，政府部门应该与行业协会、企业技术研究人员、各类高职院校进行合作，共同建立起统一的专业素养规范体系，可借鉴工匠精神的水平内涵，将培养目标纳入其中，各阶段能力要设置一定的水平标准，还要规定好评价方式和工作时间等问题，高职院校的职业素养培养才会有的放矢。

通过拆分标准体系，划分各种素养单元，课程上以素养单元作为标杆，开展模块化设置。我国高职院校在实施职业教育过程中，应在建立适合自身发展的人才培养模式中学习借鉴优秀的模式，可借鉴澳大利亚培训制度。澳大利亚培训由国家认证和非国家认证两个环节组成，这两个方面都规定了从事职业工作需要具备哪些能力，同时也包括对知识和工作态度的行业标准的规定，这些标准就是培养目标、能力水平、评价方法、工作时间等，根据澳大利亚的认证标准，我们的职业素养的培养体系中要增加职业素养的培养目标、各项内容的合格标准、评价方法以及授课时间等内容。

（2）学生以职业素养分层标准为依据自主学习

从课程的实施来看，在工匠精神下实现自治、自我管理，将学生的自主性放在重要位置。我们可以借鉴英国的 BTEC 课程，可以让教师将教学大纲发给学生，同时也下发课程任务，使学生在学习内容与方式上自主选择，组成教学项目。

课程模块内容需制定明确的标准，这样就可以厘清学生职业素养所到达的等级。在层级制定方面，英国建立了国家职业资格标准体系（NVQ），实施职业资格5个等级管理，而在这几个等级当中，一至四级和五级的标准是不同的，每一套标准都由4项要求组成，一是简述能力的内容，二是学生要懂得干什么，三是要让学生懂得怎样去表现自己所完成的工作，四是对能力内容提供指导。各校可以向学生发放职业素养表，包含素养内容、自主活动安排、展示成果、应用指导评估，通知学生自主相应到达的水平。

在职业素养中，它的基础性的能力有两个，一个是技术自身认知能力，另一个是实践能力，基础性能力更是确保个人能够在工作岗位上保持活力的关键所在。高职院校培养出来的人才应当具备较高的专业技能水平和综合素质，学生所要受到的职业素养教育应该是赋予个人完全内化所获得知识的各种能力，所以在学生自主学习过程中，必须要有练习阶段，也要将练习标准放在整体的职业素养分层标准中，并将级别与强度不断细化，这样可以提升学生举一反三的能力，为日后培养创新审美能力打下了基础。

（3）高职院校设置职业素养的培训部门

进行职业素养的培育，必须进行系统化的推进，当然，这种职业素养的培育最好是从学校阶段就开始，这样才会有更好的效果。在高职院校中，要针对职业素养教育专门设置培训的部门，邀请一些企业的专家、工匠和技术人员为其进行培训讲解，培训的内容就是工匠所需要的素养。在培训的体系中，还要专门细化素养的层级，对每一个层级设置相应的标准，细化要求，最后再进行量化。职业素养培养体系追求精益求精，不同的层级有不同的学分标准，并且这些学分可以累加。

高职院校可设立一些"回炉班"，将学校和工作岗位相结合。例如，部分高职院校举办过渡性学习班，从毕业到进入企业工作前的这一段时间里，要让学生有一段工作经历，有针对性地开展专业学习。以这种方式使学生意识到他们与工匠的差距，从而对职业素养的提升更加充满激情。此外，在学校任教的专职教师更擅长将素养内容用规范语言进行系统表达，也更加富有责任心，专业性能也较强。

2. 建立职业素养培养系统

（1）设立现实和虚拟协作平台

工匠精神之精益求精，并不是随便就能实现的，需通过刻意练习来完成。所以，从学生进入高职院校的大一开始就要强化他们的职业意识，以及加强训练强度。目前，一些示范性高职院校已经建立起注重道德文化的职业素养培养基地，为硬件和软件的训练打下基础，而且在课堂教学时，将实际工作情境中需要具备的素养作为培养实用性的标杆，在授课过程中潜移默化地渗透职业素养。

职业素养的培养系统要与科技性相适应，依托网络这个平台，进行职业素养必修、选修及网络授课，与对应学分评估配套，入学后开展职业素养调查预评估，并在此基础上将学生分层，分别授课，并拓宽课程内容，让职业素养教育渗透到各专业、年级，甚至贯穿教育的全过程。在课程内容上，还需有规范化的保证，由于职业行为和职业道德等并不是一朝一夕就能养成的，都需要长时间的训练，因此必须进行一些制度建设。建立完善的职业评价体系，对于促进高职人才培养目标实现具有重要意义。高职院校可以设置各等级指标，比如操作行为规范指标、行为认知度指标、诚信行为的态度指标、诚信作用指标等，形成职业行为与职业道德观测指标体系，要把这个体系贯穿于教育的全过程。

在职业素养教育的过程中，活动授课是一个重要途径，通过对学生的关键需求进行调查，教师可以在某些重要的节日或者关键的阶段和时期，向学生开展情境教学，并在市场需求的引导下，充分挖掘校内资源，也不能忽视校外资源，让学生融入市场，融入社会，全面达到提高职业素养的目的。为促进基地、线上、活动平台都能充分发挥应有的功能，教师要强化学生自我管理的能力，比如，实施小班主任制度，从高年级中挑选优秀学生带大一学生，从刚入学到各个方面开始监督；培训新生班长，做到岗位交接到位，也可以锻炼了学生管理协作能力、沟通和理解能力，达到提高职业行为素养的目的。

（2）建立系统性校企协作平台

在外界能量作用下，一个系统中各个子系统间具有协同作用，子系统之间的协同关系，促使整个系统处于临界点，并在此质变，继而使得产生协同效应，使系统稳定，这就是协同效应的整个过程。基于此，统筹有关部门，实现职业素养的综合发展已经是大势所趋。比如，日本运用产学结合模式，每个行业都会给予资金支持进行研究和培训，这一模式包含员工的派遣深造、演讲、实习等活动；如果企业的实力雄厚，可直接举办职业教育，甚至一些大企业纷纷在企业内部兴办职业院校。

当前，一些高职院校已建设了校企、校会合作的各种平台，取得了不错的成效。这些平台在促进学校和企业相互交流与沟通方面发挥了重要作用。如北京工业职业技术学院，这所学校建立了北京城市建设与管理职教集团，与企业联合办学，并引进工匠和各种技术部人员帮助培养人才。学校从这两个方面进行校企合作，有两方面的要求。一是学校在教学过程中引进了企业项目，企业的要求渗透到了方方面面，包括项目组织、作业流程、技术标准、成果核验等；二是邀请企业优秀的技工师傅进校担任指导教师，建立现代意义上的师徒关系，学生们可以在这些大师或技术精英的引导下开展生涯规划，并由这些师傅指导实践操作，引导学生端正职业态度，并可以借助合作优势给学生建议职业岗位等。学校应该发挥企业的资源优势，它的人力资源和财力等资源都要高效利用，实现企业参与和人才培养的互利共赢。企业要与市场需求相结合，提前发展学生从事生产活动所必须具备的职业素养，在企业内进行训练，也可以建设校中厂，或者通过企业师傅进校园等方式实现校企合作。

3.建立职业素养信息库以及证书体系

（1）设定反映行业诉求的标准数据库

美国劳工部针对职业行业信息已开发研制出职业信息网络，融合工作信息和工作者特点，借助于工作分析和组织分析等开展，还要研究工作的特点和工作者有什么特征，将事业的需要和要求充分反映出来，并与社会需求和岗位要求相结合，定期更新，在此基础上建立起相应的行业标准体系。相关部门要组织好各类行业协会，让各个不同的行业在标准数据库里体现自己的行业诉求，最后对一些标准进行了行业资格整合，在此基础上通过互联网向社会发布相关标准。不同的行业资格其实是可以使用同一套标准的，形成较为灵活的标准认定，适时更新标准，这样学习者水平认定更具时效性，完全适应市场需求。所以，培养职业素养可以充分对行业的诉求进行反映，瞄准市场，增强贴合度。

高职院校可以以学校文化模式为依托，增加企业岗位的课程结构，依托工匠文化构建规范、高效的文化模型。在课程内容设置方面注重职业能力培养，并将工匠文化体现于课程目标上，按照今后的工作发展情况，融合企业岗位课程结构和高职文化结构，让校园文化模型与企业的生产模式相照应。通过构建"三段式"课程体系、建立校企合作平台、开展专业实践活动等措施来培养学生对职业的热爱和追求以及良好职业道德修养。在教学内容上，学校对相关教材要适时地更新，加入和工匠精神、企业需要具备的素养等相关的内容，符合市场需求，与时俱进。

另外，要加强专业性师资队伍的建设，增加"双师型"教师建设投入。专业教师可以采用工学结合的方法，或者去企业实习，在企业挂职等模式，吸纳企业先进经验，结合自身理论知识进行研究，逐步成长为"双师型"教师。

（2）构建与职业素养信息库对应的资格证书体系

英国的国家职业资格证书为NVQ，英国相关部门对该证书进行评估，并设立能力标准体系数据库，在数据库中，其内容全面，包括考核方式、颁证机构和各种进修单元。在这个数据库中，既收纳每个工作岗位的技能要求，也包含了企业所需的能力要求。每个等级对应一个具体的学习阶段，并由相应的教师进行教学指导。其考核等级由低到高，职位的分类也十分全面综合，包括学徒、技工、工程师、管理员和专家，人们可按其技能，自由选择进修的各个级别的证书。

基于英国职业能力考核标准体系的经验，我国可借鉴学习相适应的部分，根据国情，设置统一的职业素养证书，职业素养信息库对应每个等级证书，在此基础上建立起一个国家职业资格框架系统和相应的认证制度。以资格证书的形式区分学习者已达到的水平，从而方便对后继的学习进行规划，想要达到相应工作者的任职条件，就必须获得资格证书。这样不仅有利于促进职业技术人才成长和发展，而且对提升整个国家综合竞争力也有着积极作用。职业素养资格证书体系的统一，能保证教育质量，调动学习者的积极性，提升素养，并使得教育体系更加全面顺畅。因此，高职院校需要建立一套完整的基于职业资格的课程体系，包括课程设置、教学计划等多个方面，将职业技能证书与专业实践结合起来，实现人才培养目标，促进学校教学改革的深化发展。学生通过学习，掌握一定阶段的知识，完成一单元研究任务后便可参与职业资格认证部门的检测和认定，从而保证资源与精力的高效利用。

（二）树立学生根植于兴趣的专业态度

"内化"这一概念是法国社会学家迪尔克姆首先提出来的。在他看来，内化是一个不断地从外界获得知识并使之转化为自己头脑中的一种能力。他认为内化是事物心理化的过程，将运作意识化、将实体主体化、将实际心理对象化。皮亚杰建构主义内化理论认为，个体的内化过程是个体认知结构的变化过程，个体以同化、顺应等方式来完成适应环境。在这一过程中，把外部的概念变成内部的信念，有很强的稳定性，能有意识地对主体行为进行调控。所以，我们应该促进学生职业素养的发展，其实从根本上说就是要让学生在心理上内化素养内容，达到内在认可。

1.尊重学生职业素养培养的主体意识

（1）丰富人才培养标准内涵

人的主体性构成了工匠精神之源。目前高职院校学生职业素养培育机制上，一些刚性支持需依托于人这个主体。所以，高职院校要不断更新人才培养的标准，把培养重点集中在学生清晰的自我定位上，对自己专业及就业前景有明确的认识。

另外还要加强价值观方面的考察标准，作为价值教育，要注重启发高职生的自主探索、对价值本质追求的渴望。这种欲求的激发中，要重视的就是情感价值，因为唯有情感，才是人类内在尺度。有了情感价值，才能让教育充满创造性，形成价值的理性前提。应重点进行情感教育，让学生确立正确的情感价值目标和健全人格、自主人格。

（2）创建以人为中心的课堂

有些高职生刚刚进入大学，还没有树立起将来从事专业的兴趣，这个时候，学校要帮助学生形成职业想象的兴趣，将学生自主性激发出来，打造以人为本的课堂，增强他们的自信心。

①目标效应的发挥。在目标和计划的设置上，要指导学生树立可分解性目标，在时间期限上，从今后的就业细化为一个学年、一个学期，甚至每周、每天、一堂课，培养建立能够实现目标的良好习惯，因为小习惯养成后才能达到长远目标。

②要把职业的意义，社会价值传递给学生。激发个体兴趣需以全面了解这方面知识为前提。所以，学校有必要让学生明白将来从事专业的重要性，还要厘清目前所摄取知识和工作岗位之间的关系，对工匠精神在世界产业中的促进作用有一个清晰认知，学生才会产生更加清晰的学习动机。例如采取讲座、校园宣传等多种形式，让学生积极地认识将来的工作岗位，深化学生对工匠精神的理解。

③自我效能感的发展。所谓自我效能感，是指一个人对于能否利用他已经拥有的能力来完成一件事情的信心水平，自我效能感的形成离不开自信。学校应尊重全体学生的自主性，打造以人为本的课堂。在非指导性教学法上可采用技巧，在教师与学生之间保持积极交往互动。同时，教师要注意对学生开展阶段性鼓励，多做积极的正向引导，激发学生完成积极的自我评价。

④确立问题意识。将企业的工作流程导入实训实习阶段，设置真实的工作情境，把真实的问题呈现在同学们面前，让他们在处理实际问题时增强自己的参与意识，进而巩固和修正认识。这样感受到的情绪都是正向的，有利于学生的积极意识树立。

⑤营造有利于个性化发展的氛围，全面调动学生特长。高职院校可以通过兴趣技能班的设置，也可以通过举办各种特长比赛，提高学生自信心，培养良

好的自我意识。对于学生而言，自我意识的出现源于一种被需求的情感。因此，在教学过程中教师要善于利用情感因素培养学生的自尊自信意识。高职院校要重视加强学生间的协作，通过团体协作，增强学生自我价值感，让他们产生集体荣誉感，形成责任意识。

2.强化学生职业素养培养的动力机制

（1）重视个体间的正面影响

在荣格集体潜意识理论中，其核心部分就是自性理论，即原型自我，认为自性是"意识和无意识之间互相补偿而构成的心灵完整性"。自性化，就是一个以自性为核心的融合调整的过程。这种自性化能让个人意识到自己在一些方面具有独特性，帮助自己找到真我。这一自我实现思想对后来的罗杰斯产生过影响，也对马斯洛人本主义心理理论产生影响，把人类实现自我的钥匙归结为个人挖掘自我潜能。所以，根据这一理论的核心，要建立学生职业认同感，可以先发掘学生的内在动力，这里所说的"内在动力"就是开发自我潜能。发掘学生潜能，首先要从日常生活中来，学生的日常生活接触最多的除了同学就是教师。从库利"镜中我"学说中可以知道，从本我的意识里知道别人如何看待自己，利于自我认知与反思，积极的、正向的人际关系，有助于人对自我的正确认知。所以，高职院校要重视不断提高教师的职业素养，从教师的表率入手，激励教师自我约束，自我提高，给学生树立榜样。

教师对于学生的肯定，可以推动学生养成提高自我素养。作为一名高职教师，要充分尊重和重视学生的主体地位，全方位挖掘学生身上的优点和长处，在适当的时候给予肯定，定期对学生日常的行为表现进行小结，对于成绩突出、有进步的同学一定要不吝表扬，唤起学生自我认同感。教学思政化意识是现在每一位教师应该具备的思想，与工匠精神内涵要义相结合，展现于课堂之上，把学生各方面素养分别与工匠精神各个层面相对应，帮助学生自我提升，并且给有进步的同学一个展示的舞台。

（2）树立实践意识和生涯规划意识

在学生内在动力被激发之后，教师有必要促使学生付诸实现。要将实践思维融入教育理念之中，这样，学生就会便于形成解决实际问题的观念，养成好习惯，由此将理论知识可以顺理成章地应用于实践。培养学生的职业素养必须让其参与职业活动。由此，高职院校可以增加职业活动模拟的次数，就有更多机会充分发挥学生的主观能动性，通过开展各种实践教学活动来培养学生的动手操作能力，使其掌握正确的操作技术，还可以介绍企业实训过程，用实际操作事故为例，阐述注意事项等，使学生具有职业道德和责任意识。

经过学生实践意识的养成，学校和教师可以协助学生规划自己的学业以及将来的就业，让学生形成生涯规划的意识。工匠精神是我国传统文化精髓之一，也是一种追求卓越的品质。学校要本着工匠精神中乐业的态度，与学生兴趣相结合，发掘他们的潜能。同时学校还可以开展各种形式的职业咨询活动，让学生了解自己的能力与不足并及时调整自身的学习方式，从而增强他们的自信心，提高个人综合素养。另外，学校还应确立生涯规划可操作性目标，什么专业和方向对应什么工作岗位，并注重职业生涯规划课程的教学，加入有关各个企业的内容，还要增加就业平台为求职者提供的特定要求及就业信息，让学生清楚地认识到自己的自我定位和今后的工作。

3. 提升学生对工匠精神的感性认知

（1）宣扬工匠精神的专业态度

为了促进学生对于工匠精神有一个感性的认识，要先树立学生深刻的认同感。为此，可利用学校现有资源开展"大国工匠进校园"活动，让学生亲身感受工匠精神的内涵及意义。通过对大国工匠相关事迹进行宣传报道，邀请工匠进入校园讲座，让学生切身体验工匠价值与社会地位，增强学生对于工匠以及工匠精神的渴望和崇拜。在课堂教学的过程中，宣传工匠精神典型，例如日本秋山手工的创始人秋山利辉就规定他的学徒工资为技术工资40%、人品工资60%，人品比技术更重要，徒弟需要把心性磨炼成熟，从而使工匠在今后的劳动中能以严谨的精神对待产品质量的标准，精益求精，力求完美。教师可以以工匠精神为例，剖析工匠成才之道，起到榜样示范作用。

弘扬工匠精神，其途径要坚持多样化原则，这一原则可以参考北京工业职业技术学院，该学校开展了"大国工匠进校园"活动，请工匠大师走进校园，现场表演专业技术、开展讲座、主题沙龙等，也可参照泉州轻工职业学院设立大师工作室，通过创办如木雕、民间艺术及其他艺术的大师工作室，培育出一大批手工匠高素质师资，让学生领会工匠精神精髓。

（2）渗透工匠精神的情感教育

国内外都对工匠精神进行了研究，工匠在某方面通晓许多专业知识，能应用技术知识进行问题分析；擅长使用、完善工具，制定统一的标准；用各种方法讲授经验性知识，以及借助于反馈机制，加强隐性的认识。所以，工匠榜样作用的发挥有助于提升高职生对工匠精神的认同感。

工匠榜样作用的发挥，可以运用情感教育，这种方式十分有效。在高职院校中开展情感教育也能促进其教学质量提升，情感教育包括在课堂授课时加入有关工匠的内容教学，强化建设校园内有关的工匠文化，以工匠精神为素材进行校园文化建设等。这些探索为我国高等职业教育领域注入了新的活力与生机。目前有很多高职院校利用工匠精神为案例开展情感教育。比如，北京工业职业技术学院在人才培养过程中，注入追求卓越的精神，提倡精益求精，不断传承和创新技艺，让学生形成对事业的敬畏心，学生对工作岗位自然产生一种使命感和认同感，且养成良好的适应能力，可以跨领域劳作，迅速适应各种工作环境，达到职业素养迁移的目的。

（三）把握工匠精神对职业素养的价值导向

我国古代以来一直存在着"以道驭术"的观念，这一思想用现在的话来解释就是技术的行为与应用应遵守伦理道德的准则。伦理理性是这一思想的体现所在，即从操作技术的角度来看待如何正确对待人、自然与技术的关系问题，要保持理智的心态。工匠精神是技术发展的历史经验积累和人类智慧概括，把握好伦理理性与工具理性的联系，才能产生工匠精神。个人价值不能在技术上被忽视，有了信念，技术才能变成现实中的东西，形成创造力。

在工匠精神群体成长过程中，具有渐进性的特点，需通过反复实践训练，获得经验性知识。由此可以指导工匠精神的内在形成坚实的精神信仰，有了精神信仰，帮助工匠形成很高的岗位认同感，提高技能水平，促进知识迁移，让工匠对本职工作孜孜不倦地坚持下去。在工匠精神的指导下，把握好其在学生职业素养中的价值导向作用，能更高层次地促进职业素养教育实施。

1. 构建学生正确的价值取向

树立社会主义核心价值观，可以帮助树立个体的理想信念，有助于提升人的精神境界，当社会利益关系越来越多元化，不断地打破文化的结构的时候，社会主义核心价值观的价值可以支撑个体的价值理解导向。在工匠精神的解析中，包含着对工作的敬意和爱本职的价值理性，这正是社会主义核心价值观所要实现的状态。为此，可以以工匠精神的信念感与岗位意识为着力点，建构学生正确的价值取向。

（1）树立学生的劳动意识与职业平等意识

马克思认为"物质生产劳动就是实践活动的固定形式，其他一切活动都由此决定。现实的人的实践活动是创造生活的劳动，所得物质是现实劳动的后果。"基于这种观点，高职院校应引导学生形成职业平等的意识，让学生认识到职业不分高低贵贱，在工匠精神岗位意识指导下，促进学生了解劳动地位，热爱劳动。

不管是劳动意识，还是职业平等意识均来自对自己工作的认同，高职院校要将工匠精神价值导向作用需进一步实践，引导学生形成职业素养，让学生不能急于求成，明确工匠精神在职业素养价值定位中的重要性，确立符合工匠精神发展法则的发展观和人才观。教师还要强化职业道德素养，将人文关怀融入教学过程，不能让学生将工具和技术作为唯一追求，教师将自己当作学生的榜样，引领学生增强价值理性，提高人文素养。

马克思把人生的价值需要，以是否符合社会需要和获得社会承认作为评判标准，高职院校要将当前市场上专业对口工作岗位及时展现在学生面前，并推广有关各职位在工作环节中所起作用的知识。另外，高职院校还可把各种工匠的功绩作为榜样，在不同工作岗位上对学生进行社会价值的宣传，让学生明白职业的真谛，明白经由个人奋斗而得到社会承认的巨大价值，确立正确道德观、人生观，把工匠精神内化到价值观中，提升职业道德素养。

（2）强化学生对自我价值的信念感

工匠精神蕴含着工匠对自己工作的信念感，它是对职业所代表的社会角色和社会地位的一种深层认同。高职院校有必要厘清学生自我价值认同的意义，实现学生个人价值与社会价值之间的平衡。

为了加强学生的信念感培养，高职院校可以通过以下途径：一是树立正确价值观教育理念，提高大学生道德认知水平；二是建立制度化的保障，例如健全价值文化的构建体系，完善对学生的行为约束等；三是营造道德建设的良好氛围等，通过弘扬历史人物、当代道德模范事迹，加强宣传力度，也可出台对学生道德行为的奖励和惩罚方案，寓道德教育于制度文化之中，全面彰显学生的个人价值；四是更加重视学生的道德体验，在学校生活中培养学生形成道德意识并将其内化到个体的心理品质之中，将学生的认知与情感融合，让道德体验在信念感培养中起到更大的作用。

2. 鼓励学生去时间化的价值追求

以马斯洛需求层次理论为基础可知，人类最高境界是自我价值实现。对于高职院校学生个人而言，为了达到个人的追求，一定要有相应的信仰和品质，而工匠精神的养成，可以让学生形成严谨的性格，树立精益求精的精神，让个人价值与社会价值得到全面显现。

（1）保证思政教育的价值观输出

高职院校有必要强化思政教育，促进思政课程走向课程思政化，让学生建立正确世界观、权力观与职业观，并且养成科学精神、开放性与求真意识。在这种情况下，要注重运用案例教学法，让学生对所学知识有更深刻的理解。教师在撰写案例的时候，要融合素养相关个案，形成体系之后传阅。教师在课堂上对学生讲解案例，通过实例让学生对就业前景有所认识，知道将来所能到达的水平，以及树立符合自己的职业理想等，促使学生在技术上寻求去时间化，唤起其对国家作出贡献的觉悟。

教师还可以进行宣传和案例再现，举办价值观主题辩论赛和其他活动，提高学生对问题的思考能力，这样才能促进学生形成正确价值观，在择业方面更体现出包容性、开拓性。

（2）加强职业素养的制度化建设

什么是制度文化？这种文化指一个社会为适应其发展的需要而建立的系统。要建构一个职业平等的制度环境，需要建立健全推崇工匠精神的制度，提高工匠的收益，健全用人和权力制度，以社会制度与文化建设，不断推动高职生的职业素养提升。

首先，要完善收入分配制度。完善的个人收入分配制度，对保证收入分配制度的公平起到基础的作用，又为生产力的发展保驾护航，调动职工的生产积极性。通过实行多元化分配方式，并对市场进行剖析，发挥了市场在资源配置中的决定性作用。

其次，完善就业用人制度，将个人实现价值的路径不断扩展。针对技能型人才的培养，政府要加大扶持力度，切实维护劳动人才合法权益，改善职业培训、社会服务和人才待遇等，不同行业的人才都可以获得平等对待，让劳动者拥有成长为工匠的愿望。对关键岗位工匠型人才而言，国家应给予保护，积极宣传，尊重工匠型人才主体地位，实现社会价值，为职业素养的培养创造良好舆论环境。

3. 营造与社会相通的校园文化氛围

精神文化、核心价值观念的形成离不开教育。所以对于精神文化来说，培育核心价值观关键靠教育。

（1）深化校园文化及学风建设

高职院校在职业素养培育方面需营造一定氛围才能实现渗透式培养效果，可以多进行有职业气息的文化活动，弘扬规范行为文化等。例如，金华职业技术学院经常组织技能大赛，通过这一活动，不断训练学生创造性，提高操作能力，促使学生养成规范意识和合作意识等，最终提升了学生综合技能水平，塑造了学生正确人生观、价值观。北京工业职业技术学院创建了工匠大师工作室，让学生与工匠文化亲密接触；让大国工匠走进校园，组织青年教师教学基本功比赛、师德先锋评选活动、"北京的大工匠"推选等系列活动；以新媒体为载体，弘扬敬业执着职业素养故事，给学生树立榜样。

学校还可设置素质拓展训练、模拟面试、团队任务、职业文化宣传赛、创业大赛和讲座等，全面为职业素养养成形成良好氛围，让学生在知行统一中提升境界。

（2）引入企业文化和精英文化

一是制度文化方面，引进企业管理制度，同时这种引进还要蕴含企业管理思想、管理方式和管理模式。关于制度培训，高职院校为了确保各项规章制度得到有效执行，可以从企业中吸取管理思想，为学生进行职业素养相关制度方面的培训。在管理模式上，要具备层次性、标准化管理，主次分明且可以统筹全局。如金华职业技术学院推行"5S"管理模式，统一管理学生日常行为，使其走向企业化，严格实训标准，强化寝室管理，让学生提前适应企业的环境制度。

二是精神文化方面，需要在学生中落实精英意识。精英意识具有巨大的功能，可以唤起个人的社会责任感，有了精英意识，人们就可以有意识地接近精英身份，其行为和举动也时刻不忘巩固精英地位。培养学生的自信心和乐观态度是实现精英意识培育目标的关键。学校应根据学生技能水平布置不同作业，以此激励学生大胆表现自己，帮助学生建立信心，让其本身所具有的社会价值得到自己的肯定。在大一新生刚刚进入大学校园的时候，学校可以邀请大国工匠和专家、著名校友举办演讲，让他们用自己的亲身事例激励学生。同时学校也可以举办"工匠节"活动，通过展示自己的专业技能来培养学生的创新思维和实践能力。

三是通过查阅和借鉴业内专家、一线技师提供的意见，制订教学计划并安排培训，让课堂文化更加丰富。并且结合问题进行探索，让学生以参观访谈的形式，参与各类职业活动。另外，还可以在教学活动中导入企业特有的技术模式，使之成为第二课堂。这样，学习形式也就被拓宽了。在第二课堂上的练习夯实了学生已有的知识，让学生将专业技能知识更好地应用。

　　四是物质和文化方面，景观建设是校园文化的重要组成部分，可以把企业的思想通过一草一木渗透进校园的景观之中，建设一个充满职业素养的校园环境，确保物质和文化上保持一致。例如，可以依据不同专业特有的专业特性，设置特有的教学环境，尤其要按照带头企业环境复制和调整，基于真实的企业情境，改进实训教室，创造职场氛围。

参考文献

[1] 黄震.工匠精神 [M].北京：北京工业大学出版社，2017.

[2] 曾颢.师带徒：工匠精神的内涵与培育 [M].北京：知识产权出版社，2020.

[3] 刘引涛.崛起职业教育的灵魂：工匠精神 [M].西安：西北工业大学出版社，2020.

[4] 张子睿，樊凯.工匠精神与工匠精神养成引论 [M].北京：民主与建设出版社，2017.

[5] 邓艳君.高职思想政治教育滋养工匠精神研究 [M].长沙：湖南大学出版社，2020.

[6] 王雪亘.工匠精神培育与高技能人才成长 [M].杭州：浙江科学技术出版社，2018.

[7] 曹顺妮.工匠精神 开启中国精造时代 [M].北京：机械工业出版社，2016.

[8] 付守永.新工匠精神 人工智能挑战下如何成为稀缺人才 [M].北京：机械工业出版社，2018.

[9] 廉蔺，阴秀君，张晓旭.工匠精神与职业素养 [M].北京：中国农业科学技术出版社，2020.

[10] 胡林.工匠精神与职业教育 [M].沈阳：辽海出版社，2020.

[11] 邢亮，刘乾承.新时代高校弘扬劳模精神、劳动精神和工匠精神的价值意蕴与实践路径 [J].山东工会论坛，2022，28（4）：93-100.

[12] 程兆宇.工匠精神与高职院校技能型人才培养的融合研究 [J].教育理论与实践，2022，42（9）：22-26.

[13] 曾亚纯，李美娜 . 工匠精神视域下高职院校毕业生职业适应性培养探索 [J].
　　　教育与职业，2022（6）：80-83.

[14] 李海萍 . 高职学生工匠精神培育问题及策略研究 [J]. 劳动哲学研究，2021
　　　（2）：177-184.

[15] 郭传真，刘翠竹 . 中外合作办学培养学生工匠精神 [J]. 劳动哲学研究，
　　　2021（2）：215-222.

[16] 林伯海，马宁 . 习近平关于工匠精神重要论述的生成、意蕴及实践路径 [J].
　　　思想教育研究，2021（12）：21-24.

[17] 尹成鑫，和震，任锁平 . 劳模、工匠精神融入高职文化素质教育的有效路
　　　径探究 [J]. 中国职业技术教育，2021（36）：59-64.

[18] 冯宝晶 . 高职院校加强工匠精神培育的必要性与主要路径 [J]. 教育与职业，
　　　2021（14）：108-111.

[19] 刘霞，邓宏宝 . 工匠精神的时代内涵、形成机理及培育方略 [J]. 南通大学
　　　学报 (社会科学版)，2021，37（4）：126-132.

[20] 高中华，赵晨，付悦 . 工匠精神的概念、边界及研究展望 [J]. 经济管理，
　　　2020，42（6）：192-208.

[21] 彭花，贺正楚，张雪琳 . 企业家精神和工匠精神对企业创新绩效的影响 [J].
　　　中国软科学，2022（3）：112-123.

[22] 肖纲领，万仞雪，李俊 . 身份认同理论视域下高职学生工匠精神培育的问
　　　题与路径 [J]. 中国职业技术教育，2022（7）：37-42，60.

[23] 刘燕，程静 . 劳模精神、劳动精神、工匠精神融入高职思政课教学实践研
　　　究 [J]. 教育与职业，2022（2）：85-90.

[24] 韩喜平，郝婧智 . 关于劳模精神、劳动精神、工匠精神内涵的规律性阐释
　　　[J]. 思想理论教育，2021（12）：41-46.

[25] 林伯海，马宁 . 习近平关于工匠精神重要论述的生成、意蕴及实践路径 [J].
　　　思想教育研究，2021（12）：21-24.

[26] 刘特 . 新时代大学生工匠精神研究 [D]. 大连：辽宁师范大学，2022.

[27] 李阳.高职院校学生工匠精神培育研究 [D].南昌：江西科技师范大学，2021.

[28] 张伶俐.工匠精神视域下技工院校工学结合人才培养模式研究 [D].桂林：广西师范大学，2021.

[29] 张瑾.新时代大学生工匠精神培育研究 [D].太原：山西财经大学，2021.

[30] 张绍清.中等职业学校学生"工匠精神"培育路径研究 [D].南昌：江西师范大学，2020.

[31] 贾娜娜.高职院校学生职业素养的培养路径研究 [D].金华：浙江师范大学，2020.

[32] 周倩慧.现代学徒制下高职学生工匠精神培育研究 [D].济南：山东师范大学，2020.

[33] 张文财.基于工匠精神视域下高职院校技能型人才培养 [D].南昌：东华理工大学，2018.

[34] 王金芙."工匠精神"的当代价值与培育研究 [D].哈尔滨：黑龙江大学，2018.

[35] 任寰.职业教育技能型人才"工匠精神"培养研究 [D].武汉：湖北工业大学，2017.

[36] 罗琪.高职院校学生现代工匠精神培养研究 [D].南充：西华师范大学，2020.

[37] 李继.工匠精神视域下的高职院校"双师型"教师队伍建设研究 [D].石家庄：河北科技师范学院，2019.

[38] 李国兰.高等职业院校学生工匠精神的培育研究 [D].沈阳：沈阳师范大学，2018.

[39] 黄艳.工匠精神融入高校思想政治教育研究 [D].上海：上海师范大学，2018.

[40] 芦羿君."工匠精神"融入中等职业学校德育的研究 [D].石家庄：河北师范大学，2017.